Violencias

Pepitas de calabaza s. l.
Apartado de correos n.º 40
26080 Logroño (La Rioja, Spain)
pepitas@pepitas.net
www.pepitas.net

Cubierta: detalle de «Los peces grandes se comen a los pequeños», grabado de Pieter van der Heyden de 1557 a partir de un dibujo de Pieter Bruegel de 1556.

ISBN: 978-84-10476-25-7
Dep. legal: LR-908-2025

Primera edición, septiembre de 2025

Doménico Chiappe

Violencias

Voces de la violencia en España

Prólogo

La violencia se percibe, como todo lo capaz de envolver e impregnar su alrededor. Como una peste. A veces se ve, se escucha, se huele. Otras, no. Pero siempre está allí al cerrar los ojos. Durante la preparación de este libro intenté definirla. Incapaz, traté de que otros dieran con un concepto de la violencia. No obtuve un enunciado categórico después de repetir lo que escuché de personas, como Ana, Ismael, Wafa, Lydia. Los diccionarios no van más allá de lo obvio (vivimos rodeados de la violencia obvia) y el Código Penal no ofrece una definición. Haga usted la prueba. Siéntese con sus amigos y saque el tema. Inquiera y procure obtener una respuesta. Qué es violencia y qué no lo es. ¿Alguna vez ha sido usted violento o ha sido agredido o ambas?

Aventuro que violencia es todo aquello que intenta doblegar la voluntad de alguien o causarle un daño permanente, y lo logra cuando es más fuerte que esa persona y lo que debería protegerle. ¿Encierra esta idea toda forma de violencia? No sé acotarla. Ante sus límites, balbuceo. Como la mayoría. Este libro transcurre también en esa frontera trazada por la subjetividad y la tolerancia, que influyen en la percepción, tanto individual como social. De la intimidación ambiental al salvajismo, lo que ayer se creía que no era, lo es hoy.

No intento aquí ensayar un tratado sobre la violencia. Este libro no es una digresión intelectual y sí una larga crónica periodística que reúne testimonios, obtenidos a través de entrevistas personales, para mostrar algunas de sus caras. Con absoluta realidad. Alizia, Gabriel, Leticia. Estas páginas no pretenden ser un catálogo total ni un

7

compendio de agresiones y destrucción. Sé que faltan muchos tipos de violencias, como la política y la terrorista, pero también descubre otras tantas que nos rodean, invisibles para la mayoría.

Estas páginas contienen una reunión de historias de personas que tenemos al lado. Vicky, Houda, Samanta, Samir, Celia. A pesar de su cercanía no solemos escuchar sus relatos desgarradores, aunque no victimistas. Unidos por la búsqueda de la redención, son capaces de remover y sorprender. En este libro conviven algunas de las historias que me sacuden cuando las encuentro, cuando las confronto, cuando las escribo y ahora, cuando las releo.

Aquí habla gente que se rebela, al instante siguiente de una agresión o seis décadas después. Anna, Luz, Miriam, Christina. Resisten con su voz a las formas de reducir al individuo a través de las distintas violencias. Porque quien cuenta se adueña del relato, una forma de mostrar entereza en una sociedad que, por una parte, alza la voz para acusar, pero, por otra, intenta silenciar algunos sometimientos. Desde lo individual en el espacio privado hasta lo institucional en el público. Estoy convencido de que la denuncia otorga poder a aquellos que se enfrentan a los recuerdos y vencen en el relato de la memoria. Nina, Tania, Asell, Sonia, M.

Las voces que se escuchan en este libro pertenecen a personas que entrevisté entre 2018 y 2025, como parte de mi trabajo en la agencia Colpisa del grupo Vocento. En modo directo, sin cuestionarios. De alguna forma compartimos una historia común. Como periodista siento el deber de ayudar a que sus voces tengan un amplificador. Como ser humano, firmo la empatía. En este libro, discutido largamente con el editor, se enhebran sus voces, para que se escuchen como una polifonía de nuestro tiempo más reciente. Con varios he hablado durante años y continúo el seguimiento, cuando lo permiten. Tienen mi teléfono personal y yo, casi siempre, el suyo. B., David, Raquel, Sandy.

En este volumen reúno sus voces liberadas de las convenciones que rigen los periódicos. En los reportajes publicados, las entrevistas se editan para componer un texto que incluye las perspectivas de supervivientes, autoridades y expertos alrededor de un tema. El espacio es limitado y prima la estructura de la narración. Ahora se recoge lo que quedó fuera, en la medida de lo posible. Libretas y audios extraviados han imposibilitado que incluya algunas historias o que expanda otras. Las que sí están corresponden con fidelidad a sus ideas y palabras, aunque hay un trabajo de autor que organiza la oralidad y transforma una entrevista en un testimonio. Rosa, Carlos, Piedad, Rafael. En estos años también encontré otras tantas historias extraordinarias que, por estar fuera de los círculos de la violencia, no fueron incluidas en este volumen.

Con absoluto respeto, se dota a sus palabras de pericia narrativa, sin perder la fuerza y el estilo de su expresión. Saïda, Petra, L., José, A. Existe, desde luego, una edición que evita repeticiones, saltos temporales, muletillas y fragmentaciones. En esta conversión de una entrevista en literatura también se pretende la poética y la exactitud, que cada frase sea precisa y logre la reflexión del lector, con una dinámica que combina diferentes estrategias. En esta selección se evita redundar en algunos temas, lo que también hizo que varios testimonios quedaran fuera del libro. A pesar de su fuerza se solapaban con otros similares.

Durante los últimos siete años, desde la primera sentencia de La Manada de Pamplona hasta la Dana de Valencia, estas voces han encontrado espacio en las ediciones de *El Correo*, *Diario Vasco*, *La Rioja*, *El Diario Montañés*, *El Comercio*, *Las Provincias*, *Norte de Castilla*, *Ideal*, *Hoy*, *Sur* y *La Verdad*, interesados en la humanidad tras la actualidad. En las referencias de las historias aparece el título y la fecha del artículo tal y como se publicó por primera vez. Ante la variedad de formas de identificación pactadas con el entrevistado (desde el nombre completo hasta la eliminación de toda referencia), decidí identificarlos aquí con el nombre de pila, con una inicial o con el anonimato acordado en su momento. Para esta edición algunos pidieron modificar su identidad.

Como periodista que tiene el privilegio de entrar en lo más oscuro de unas vidas, sello el compromiso de no manipular ni tergiversar sus historias, sus opiniones ni sus perspectivas. También verifico los datos que proporcionan con fuentes independientes, documentos y otras bases de información disponibles. Pero, sobre todo, confío en sus testimonios, sin ingenuidad.

Las entrevistas originales sucedieron de diversas maneras. Algunas duraron horas y requirieron varias sesiones, mientras que otras apenas necesitaron un puñado de minutos. Perseguí historias durante meses y encontré otras por casualidad. En unas pregunté de forma directa, en otras bordeé con delicadeza el tema. Unas se hicieron con un café, otras por teléfono o videollamada. Pocos de los entrevistados tenían un discurso elaborado y la mayoría exteriorizó por primera vez su memoria bajo la instigación del periodista. C., Irene, Nani, Juane.

A veces los hechos se extraen de nebulosas mentales y requieren diez preguntas por párrafo hasta que, en ocasiones, se logra llegar a un punto en que las imágenes se deslizan hacia el redactor. Soy consciente de lo que implica reflotar recuerdos crudos y dolorosos. Al trasladarlos al texto, mi intención es también mostrar la complejidad de los seres humanos, mediante la reconstrucción fiel de escenas vividas, concentradas en un solo hecho o en un conjunto de acciones. En la entrevista se busca obtener detalles y ordenar los hechos en una cronología.

El autor tiene, en esa escritura, el poder de caracterizar al protagonista de forma simple o compleja, con la selección de sus palabras, pasajes y descripciones. Al hacerlo, convierte a una persona en personaje. Al asumir esa enorme responsabilidad, elijo la profundidad del sujeto, en un ejercicio de periodismo hecho con la mayor honestidad. En este libro, los testimonios están despojados de intromisiones exteriores y en ningún caso hay episodios morbosos.

Importa también el punto de vista, desde dónde se narra la historia. Esta decisión crucial desvela la intención de un autor para dotar de verosimilitud y credibilidad a la historia. ¿Puede ejercer violencia el escritor que aparentemente está fuera de la narración? Pienso que sí, cuando obvia el sufrimiento de la víctima y asume la perspectiva del agresor, que en ocasiones recrea su crimen como si lo cometiera dos veces. La línea no es tan fina como parece. Para reforzar la intención de este libro como documento, a excepción de unas pocas reconstrucciones, elegí narrar desde la primera persona. La primera persona del otro, aquel a quien escuché.

Cuando se habla a un lector siempre se crea un vínculo y, entrelíneas, se pide comprensión. El punto de vista, que también dosifica la información y la distorsiona, la manipula o la esconde, tiene el poder de convertir en humano, incluso en héroe, a lo que carece de humanidad. No se puede escribir sin asumir una posición y trasladarla al universo de lo escrito. Aquí se asume la perspectiva de los que han sufrido, y sufren, algún tipo de violencia.

¿Qué es la violencia? ¿Cuántos tipos hay? Los ecos de estas páginas hablan de violencia sexual, social, institucional, económica, interior y autodestructiva, climática, violencia de género y violencia sin más. Tienen como denominador común el abuso de poder de quien ostenta una posición dominante, sea individual o institucional. Van desde la agresión machista hasta los abusos de menores, desde las empresas y gobiernos que cortan la luz a un poblado hasta los que se sumergen por propia voluntad en universos de dolor y adicciones. Sé quiénes son las personas que están en estas páginas. Ana Bella, Isabel, Óscar, Jimmy, Maricarmen. También los de la madre y su hija, los de la familia M., el de J. Una vez decidida la selección, les pregunté si deseaban volver a ver sus palabras publicadas. No se incluyó a los que me dijeron que preferían no estar.

Este libro, así como los reportajes en los que se basa, les da la oportunidad de expresarse, y a la sociedad, de oírles. No creo que por haberlos escuchado, yo haya vivido sus experiencias. Tampoco lo hará el lector. Ninguna imaginación alcanza para saber lo que sucede en el interior de quien sale del horror. Pero sí es posible la comprensión.

Para hacer mi trabajo periodístico, casi siempre a la intemperie y en solitario, ha sido imprescindible el apoyo constante de los directores de la agencia y los periódicos. Ahora una faceta de esta tarea diaria se convierte en un libro que teje un universo complejo alrededor de una palabra: violencias, en plural.

Al lector que llegue al final de estas páginas quizá le pase como a mí, que no podrá definir qué es violencia, pero espero que sí sepa reconocerla incluso en sus fases más sutiles.

ASELL

Era domingo y a las nueve y media de la mañana mi madre empezó a llamarme. Me dijo: ha pasado algo muy triste. Acaban de asesinar a Mateo. Salí de la habitación, no sabía dónde iba. Me dio por poner la tele, no decían nada, pero la gente me empezó a escribir, porque ya se estaban enterando. Cuando salió la noticia en el canal *24 Horas*, me duché y salí al pueblo. Se tarda cuarenta y cinco minutos en llegar. No me cabía en la cabeza que pasara eso en un pueblo de cinco mil habitantes [Mocejón, donde apuñalaron hasta la muerte al niño, de once años]. Solo sabía que en el polideportivo estaban su prima y su madre. Cuando llegué aún seguía el cuerpo de Mateo en el campo de fútbol y también toda la prensa, las ambulancias y la Guardia Civil. No dejaban pasar a nadie y una tía mía tuvo que salir a buscarme.

Mateo había subido con sus amigos a jugar al fútbol, hablaron con los monitores porque también había un torneo de pádel. Era una pachanga. Se me encoge el estómago cuando pienso en ese momento tan duro, que todavía duele, de verlo allí, víctima de un acto tan atroz y tan al azar, porque le pasó a él como le podía haber pasado a cualquiera.

Se llevaron su cuerpo al anatómico forense a las dos de la tarde. Hasta esa hora no nos fuimos. Mientras esperábamos la madre de Mateo dijo que su hija, de trece años, iba a venir al polideportivo con nosotros y que no quería que la grabaran. Como ella no estaba para hablar con los medios de comunicación y como yo era el periodista de la familia, me tocó. Salí, pedí respeto a nuestra intimidad y que por favor se retiraran de la puerta, pues la madre pedía que no hubiese imágenes suyas. Me preguntaron quién era yo y les dije que era el primo de la madre de Mateo. Me pidieron unos totales y yo les conté lo poco que sabíamos: cómo nos habíamos enterado del asesinato. Fue por una de mis tías, que paseaba cerca de allí y se encontró a un chico que corría asustado. Le preguntó qué le pasaba y él le respondió que acababan de matar a su mejor amigo. ¿Qué dices, a quién?, le preguntó ella. ¡A Mateo!, respondió el niño. Han asesinado a Mateo. Eso fue lo que conté.

No era consciente del alcance mediático que iba a tener el caso. A las dos o tres horas del asesinato ya decían en redes sociales que en Mocejón había un hotel que recibía menas [menores migrantes no acompañados]. A las siete se convocó a un minuto de silencio y me pidieron que leyera un manifiesto. Los medios estaban en la plaza y me preguntaron mi opinión sobre el hecho de que el asesino pudiera ser un migrante. Ahí dije que no se criminalizara a nadie hasta que la policía y la Guardia Civil dieran con el culpable, que nos daba igual la raza, la religión o el credo, que se dejara trabajar a las autoridades. Cuando se abrieron los informativos a las nueve de la noche y salí pidiendo que no se criminalizara a nadie, empezó el ataque en redes sociales. Eran grupos ultra organizados que iban a por mí.

Mi vida era tranquila, centrada en mi trabajo. Como periodista doy visibilidad a personas que lo pasan mal y participo en proyectos que cuentan la realidad de diferentes países. Estoy muy sensibilizado con el tema de la migración y he aprendido a no romantizar la pobreza. Yo acababa de llegar del último viaje que había hecho con Misioneros por el Mundo, con el que estuve quince días en colegios y hospitales de comunidades indígenas. Había terminado de montar los programas pendientes y estaba de vacaciones.

Los ultras empezaron a investigarme y pusieron las fotos que tengo en redes sociales de los viajes de trabajo. Dijeron barbaridades, como que yo pertenecía a una red de trata de personas y el niño había visto cosas que no debía y yo lo había asesinado: por eso era el portavoz. Que el Gobierno me había puesto ahí para ocultar la verdad. Que era un «follanegros» y me acostaba con los del hotel porque soy maricón. Cantidad de mensajes que vi después.

Yo no tenía ni idea de lo que pasaba. Me llegaban notificaciones, pero no las miraba. Al día siguiente del asesinato de Mateo, los matinales abrieron con esa noticia, mientras el asesino estaba suelto y el pueblo consternado. Me insistieron en que el culpable podía ser uno de los chicos del hotel y yo repetí que no se les criminalizara, que sabíamos que la Guardia Civil estaba tras la pista de un perfil muy concreto, porque había testigos y cámaras de seguridad. Lo más probable era que fuese alguien del pueblo.

Pero los grupos ultra deseaban que los asesinos fueran migrantes y se estaban organizando para venir al pueblo a liarla, mientras que la gente de aquí estaba apoyando a la familia y no pensaba en nada más. Queríamos que se atrapara al asesino. En una entrevista en directo me preguntaron cómo estaba yo por los ataques y les dije que no me hacían daño, que no les hacía caso. Me sentía muy cansado por tener que contar siempre lo mismo a los medios, era muy difícil mantener el tipo y no quería perder la educación ni dejarme llevar. No quería transmitir a mi pueblo un mensaje de nerviosismo ni del odio que se estaba fraguando.

Empezaron a decir que al lado del hotel había una mezquita, que el asesino era negro o magrebí, y ponían mapas donde se veían el polideportivo, el hotel y la mezquita. También que, como Mocejón votó por la izquierda en las últimas elecciones generales, teníamos lo que merecíamos. Un eurodiputado [Alvise Pérez, fundador de Se Acabó la Fiesta] estaba detrás de esos bulos, retuiteando que en el pueblo habían aumentado las violaciones y los robos cuando llegaron esos chicos. Había medios que sembraban la duda sobre ellos, sin aportar nada. Siguió la desinformación. Gente que decía que se confirmaba que el asesino era un magrebí o que pedía que quemaran el hotel.

Por la tarde, con el último informativo, me fui a casa de mi madre a comer y abrí Instagram. Me había empezado a seguir un montón de gente y tenía muchos mensajes: rastrero, vaya mierda de trabajo que tienes... Intenté bloquear mi cuenta, y no supe hacerlo. En Twitter era la locura. Eres un hijo de puta, vamos a por ti, tenemos la dirección de tu casa, me escribían. Comprendí que no me iban a dejar tranquilo en el duelo de mi primo pequeño. Superaba el límite de estrés y miedo, una sensación que no sé describir.

Yo vi los ataques en ese momento, pero no pensé en defenderme. Yo hablaba lo que había consensuado mi familia en un momento tan complicado. Lo que nos importaba a nosotros era Mateo, que no estaba.

En la grabación que resolvió el crimen se ve que el asesino va al polideportivo por la calle principal, sale después por un camino que lo bordea, atravesando campos de maíz, aparece en la parte principal y va a casa de su abuela. Pero una vez que lo cogieron nadie rectificó. Como es rubio, empezaron a decir que era rumano. Comenzó otro bulo, según el cual el asesino había huido en el coche de una familia de Rumanía, del que sacaban la matrícula.

Yo volví a insistir en que queríamos justicia y no venganza, y me preguntaron cómo llevaba el tema de los ataques. Ahí me rompí. Me dio vergüenza llorar en la entrevista, pero a raíz de ahí dio vuelta la situación. Mucha gente comenzó a apoyarme, gente anónima y gente conocida. Paró ese acoso que se había producido sin ningún sentido contra mí y de una forma como a nadie habían hecho. No eran cuatro nada más. Eran muchos, tantos que, si no tienes una red familiar, te llevan a un extremo, a un sitio muy oscuro y peligroso con ese ataque tan despiadado, descarnado y organizado.

Recuerdo dejar el tanatorio. Iba todo el pueblo a apoyar a la familia y mucha gente venía a llorar conmigo. Me vi convertido en protagonista sin querer, cuando el protagonista debía ser Mateo, con cuya vida habían acabado. Me decían que no callara, que siguiera adelante. Pero no había nada valiente en lo que dije, era algo racional y lo volvería a hacer tantas veces como fuera necesario. Va con mis valores y mi forma de ver la vida. A mi prima no le conté nada de los ataques y mi madre estaba preocupada por lo que pudiera pasarme, por que fueran contra mí en la calle.

Yo no quería que eso empañara el asesinato, que era lo importante. Estaba muy orgulloso de mi familia por ese mensaje de amor contra el odio en esas circunstancias, y mi prima era una lección de vida. Con sus sentimientos abiertos y a flor de piel, pues le habían quitado lo que más quería, hablaba con tanto amor que te dejaba sin palabras. Ella se enteró más tarde de los ataques que sufrí. Me dijo que yo había servido de escudo para que pudiéramos vivir con intimidad el duelo por Mateo, en la medida de lo posible, y que nuestro dolor fuera solo nuestro. Me agradeció que la gente no la reconozca en la calle y que los medios no tengan una foto de su hijo. Mi prima pudo ir al entierro de Mateo sin que nadie la acosara o la hiciera pasar un mal rato, y a la vigila sin que se la reconociera. A veces no te dejan tener esa intimidad.

Ahora es complicado. Hay que asimilar muchas cosas. Mi familia está destruida, rota, pasándolo mal. Cada uno lo encara a su manera, pero ninguno nos podemos comparar con el dolor de mi prima y no hay palabras de consuelo. Solo podemos acompañarla. Para mí, a partir de ese día cambió todo. Además del duelo, me ha dado pena hacerme conocido por esta situación. A mí me ha creado un trauma el acoso en redes, que provoca que vaya intranquilo por la calle y no quiera meterme en sitios con mucha gente. Este tipo de ataques, que mezclan bulos y migración, se repite en España cada vez que ocurre una catástrofe o una desgracia, y son los mismos de siempre.

Yo los voy a denunciar, ahora que estoy más tranquilo, aunque me vuelva a poner en el punto de mira. Ya estoy preparado para aguantar y si lo que hemos pasado sirve para algo positivo y ayuda a combatir ese tipo de ataque en redes, los delitos de odio y la discriminación por raza, sexo, ideología u orientación sexual, adelante.

NINA

A Jack lo adopté durante una relación de cuatro años. A mi ex lo conocí en el trabajo. Yo tendría treinta y él, cuarenta y cinco. Todo iba perfecto, maravilloso, hasta que decidí irme a vivir con él, al año. Se suponía que nos conocíamos. Ahí empezó a ejercer cierto control: con quién salía, qué hacía después del trabajo. Soy corredora y empezó a decirme que no le gustaba que fuera sola a entrenar, que me miraran con la ropa ajustada. Empezó así y acabó por aislarme. Los únicos planes que yo hacía eran con él o con él y sus amigos. Estuve dos años sin ver a mi familia. Lo único que tenía en esa ciudad era a él. Cuando vio que ya no había escapatoria, que no podía irme ni dejarle, empezó con las agresiones físicas.

El primer golpe no lo vi venir. Muchas veces, cuando he contado mi historia, me han dicho: ¿cómo no te diste cuenta de las señales? Por mi carácter, por cómo soy. Nunca pensé que fuera a llegar a esa escala de violencia conmigo, hasta que me vi en el suelo de un puñetazo. Cuando empezaron las agresiones físicas ya tenía a Jack. Antes de llegar el perro, a mí ya me pegaba y me anulaba como persona. Cuando el perro llegó a mi vida, yo no tenía nada. Lo adoptamos de mutuo acuerdo. Me concedió el capricho de tenerlo. Yo era la que lo quería. Lo busqué, lo recogí en una protectora. Cuando llegó el perro, me sentía muy sola. Lo que más recuerdo es ese sentimiento de soledad. Lo único que deseaba era su compañía y algo que querer, porque estaba sola.

Mi idea, lo que siempre había querido, era tener un perro cuando me independizara. Pensaba en tener un galgo, adoptarlo.

Adoptarlo por el historial de maltrato de esa raza. Buscando un galgo aparecieron unas fotos de mi cachorrito y me enamoré. Lo único que quería era ese perrito. Vinieron a casa a hacer una evaluación psicológica mía y de las condiciones en las que viviría el perro. Él no estaba. Al final me dieron el visto bueno y fui a recogerlo.

Para entonces yo aún no me había dado cuenta de que era víctima de maltrato. Cuando salí de casa y denuncié, y me alejé completamente de esa persona, estuve yendo a terapia y tardé más de un año en aceptar que había sido maltratada. No me reconocía como mujer maltratada.

Yo pasé a preocuparme solo del perro. Básicamente deposité todas mis fuerzas en su bienestar. Evadí mi mundo. Me preocupé de que no le pasara nada a él, que no fuera el motivo de que mi pareja explotara. Las agresiones se mantenían y el perro las veía. Si yo hacía algo que no le gustaba, al final se desataba y acababa agrediéndome por cosas absurdas, como que el arroz no quedaba suficientemente suelto... excusas. Eran palizas continuadas. Sabía dónde golpearme para ocultar las marcas. En la cara muy rara vez me tocó. Sobre todo era en el torso. Con ropa no se me veían las agresiones. No fui a ningún médico pero seguramente alguna fisura de costilla tuve. Me golpeaba con sacos, con el cinturón.

No quería que el cachorro, por mear en el suelo, provocara esa ira. Yo volcaba toda mi atención en sus movimientos. Me preocupaba antes de que él le hiciera algo a Jack. A él le gustaba estar con el perro. Aunque me decía que no lo quisiera más que a él. Yo me lo tomaba a broma, pero esa broma era una amenaza, viéndolo en retrospectiva.

El perro le tenía miedo y se alejaba de él. Pero no vi que lo agrediera. Un día que me retrasé en el trabajo, porque él tenía controlado mi horario y mis descansos, me mandó una foto del perro bastante temeroso, en una posición acobardada, diciéndome que si se enteraba que estaba con otra persona y le engañaba, me encontraría al perro colgado de la ventana. Podría ser que le pegara cuando yo no estaba. Esa fue la primera vez. Lo llamé y le dije que había salido tarde por un problema en el trabajo. Fui corriendo a casa para que no le hiciera nada.

Me amenazaba con tirarlo a la basura, estamparlo contra el suelo, tirarlo por la ventana. He llegado a hacer noche en un parque con Jack y dormir con mucho frío, temiendo que le hiciera algo. En las ocasiones en que más valiente me he sentido ha sido cuando amenazaba con pegarle. Una vez que me pegaba a mí con el cinturón lo hizo resonar en el suelo cerca del perro, que salió corriendo y se metió bajo la cama. Esa vez también cogí la correa del perro y dormimos en el parque. Después de la violencia, la reacción de él al día siguiente era llamarme: ¿dónde estás, cariño? Vuelve, vamos a desayunar, he preparado café. Yo acababa volviendo porque no tenía a dónde ir. Así fue el primer año de vida del cachorro. Lo cogí con tres meses. Aquel año pasó todo eso.

Yo ya había decidido dejarlo con él. Habíamos hablado y yo buscaba un piso para irme. Yo no tenía relación con mi familia, no hablaba con ella. Mientras tanto dormía en una habitación con el perro, y él, en otra. Seguíamos viviendo en la misma casa y él seguía usando al perro como coacción, hasta que lo denuncié por una agresión en la que casi me mata. Ni siquiera me golpeó. Me cogió del cuello y empezó a estrangularme. Antes habían sido golpes y demás, pero ese día buscaba acabar conmigo.

Yo estaba cenando y mirando el móvil, y él me dijo que cómo era posible que viera el móvil y comiera a la vez, que prestara atención a una de las dos cosas. Le respondí que yo hacía lo que me daba la gana. Él se enfadó. Después de estampar el mando de la televisión contra la pared, se abalanzó sobre mí. Yo me levanté de la silla corriendo hacia la puerta y en la puerta me alcanzó, me empujó, me cogió el cuello con las dos manos, me tiró al suelo y comenzó a estrangularme. Intenté gritar, defenderme, pero no pude.

Estoy viva porque dejó de apretar, seguramente por Jack. Cuando yo estaba desmayada, me salvó. Lo último que recuerdo antes de perder el conocimiento es a mi perro ladrándole y mordiéndole los brazos. Cuando me desperté y él notó que yo había recuperado la conciencia, intentó violarme. Conseguí quitármelo de encima y busqué a Jack, que estaba muy asustado bajo una silla, pegado a la pared. Supongo que, cuando me defendió, le hizo algo. A mí me costó mucho recuperar el control de mi cuerpo porque estaba convulsionando totalmente.

Cogí a mi perro, me fui y llamé a la policía desde la calle. Me dijeron que fuera a un lugar público donde pudieran recogerme. Acabé en la puerta de una gasolinera esperando con el perro, que temblaba y no paraba de llorar. No vi que le doliera nada. Era mucho nervio, estaba muy asustado. Comprobé si le había hecho daño en algún sitio pero no vi que se quejara. No pude entrar en la comisaría con el perro. Mientras ponía la denuncia, Jack se quedó en el coche de la policía municipal. Intentaban tranquilizarlo dando paseos, pero el perro estaba muy nervioso.

Yo no salí de esa casa más rápido porque en todos los pisos donde preguntaba no aceptaban mascotas y no me iba a ir sin él. Cuando hablé con la asistente social para ponerme en una casa de acogida, en ninguna aceptaban animales. Yo les dije que no iba a ningún lado sin mi perro. Para mí, Jack era fundamental. Lo pasó bastante mal.

Los meses después de salir de ahí estaba muy ansioso, tuvo problemas en la piel y la veterinaria me preguntó si había vivido una situación de estrés. Qué mayor estrés que ver a tu responsable casi muerta... tiene que ser bastante duro para un animal. La ansiedad le causó problemas en las orejas y las patas. Tuvo un eccema enorme en la oreja y casi se quedó sin pelo. Ahora no deja que se me acerque ningún otro perro y, al principio, tampoco hombres. Ni siquiera mi padre. Ahora lo adora, pero él no dejaba que me tocara, acariciara ni abrazara. Se ponía alerta.

El pobre ha estado conmigo en mi debacle psicológica después de todo esto y llegó a ser capaz de detectar mis ataques de ansiedad.

Se venía conmigo y ponía su pata en mi hombro o en mi pecho y se tumbaba a mi lado con su cabeza en el cuello, para hacerme ver que estaba ahí. Otras veces, en el sofá, él sabía cuándo me estaba poniendo nerviosa y empezaba a ponerme la pata en el hombro. Eran ataques de pánico. Los primeros años me costaba salir de casa, tenía miedo de que me hubiera seguido, de que averiguara dónde vivía. Me daban taquicardias, temblores, de puro miedo. Necesitaba medicarme. Ahora tengo treinta y siete años y Jack, ocho. Estuve tres años medicándome.

M.

En esa época falleció un familiar cercano en un accidente y me impactó muchísimo. Una amiga me dijo que los lamas ayudan a las personas que mueren para que tengan un buen tránsito y no se queden enganchadas. Me lo presentó y yo sentí que él había ayudado a mi familiar. Siempre quise devolverle lo que hizo por mí de forma desinteresada. Él tenía buen corazón. Al principio daba clases de yoga, que no quería cobrar, en bajos alquilados o en un colegio. Se ponía un dinero y se pagaba el alquiler.

Al año dijo que se iba a la India y nos devolvió el dinero que había sobrado. Todo era muy honesto. Estuvo un par de meses y cuando regresó nos explicó que, para beneficiar a más gente, quería comprar unas tierras. Si en vez de ir a la India con él, poníamos ese dinero para comprar el terreno, las clases serían gratuitas. Cada uno puso unos tres mil ochocientos euros y levantamos allí [en una parcela rústica en Murcia] un centro. Con nuestro trabajo pintamos y pusimos incluso suelo radiante. Empezamos a finales de 2007 y en 2008 ya estábamos allí instalados.

Lo que hablaba era muy coherente. Era la filosofía budista. A mí me interesaba el mundo del yoga y la meditación. Yo no buscaba un maestro, sino aprender para crecer personalmente. Algunos queremos ir más allá. Él te hacía entender que todo lo malo que ves en el maestro es una proyección tuya y tienes que purificar tu mente, porque está contaminada. Decía que eso lo debilitaba y si él enfermaba nos hacía responsables a nosotros, pues algo habríamos hecho. Él trabajaba con nuestro karma.

Al principio no era así. Hubiéramos salido corriendo todos. Era amable, cercano, un amigo, nos íbamos a cenar juntos... Poco a poco empezó a encerrarse y salía en éxtasis. Ahora entiendo que era efecto de las drogas y nosotros creíamos que era por su práctica. También hubo cambios en mí que no eran normales. Seguramente nos daba alguna droga. Que de repente tu corazón se abra y te pongas en gozo y creas que él tiene una energía especial, son efectos de las drogas. Lo sé ahora.

Conforme construyó el centro, empezaron los cursos intensivos y los retiros, de una semana o quince días, y las ceremonias con ayahuasca. Me aconsejó ir a varias con peyote, savia... Me exaltaba, tenía movimientos espásticos, parecía la niña del exorcista. Él me decía: se te están ajustando los canales.

Mi búsqueda personal era muy simple y conmigo misma. Ese señor nos dijo que nos entregáramos cada vez más y yo lo dejé todo, mi trabajo y mi forma de vida, para ayudarlo a él al cien por cien. Impartí clases de ayurveda en Madrid y Murcia, sin cobrar nada. Filtré mercurio diez meses en su laboratorio. Él lo metía en agua o leche y nos lo daba a beber. Decía que, si querías avanzar más para ayudar a los demás, lo tomaras, para ser mejor persona, ya que purificaba las cosas negativas y era un atajo para purificar mi porquería de dentro. Dijo que beberlo era voluntario pero que el que no aceptara se iba.

En las ceremonias nos ponía en la cabeza una corona de bolas de mercurio. Era como meterte en... era rarísimo. Tenía una bola más grande, como un huevo de avestruz, y la colocaba en medio. Eso hacía que te exaltaras mucho. Si encima hay droga, sales adorando a este señor. Por los síntomas, deduzco que nos daba éxtasis o LSD. Lo veíamos tan amoroso porque íbamos puestos hasta el culo, si no, ¿de dónde salía mi exaltación? Los efectos de las drogas son así. Mi pareja de entonces decía que estaba viendo a dios: «¿no veis qué hermoso es? ¡Está dentro de mí!». Él no tenía experiencia con las drogas y no sabía que iba tan colocado. Yo estaba igual de estúpida y no me daba cuenta.

Yo he hecho cosas allí que no me hubiera imaginado. ¡Cómo estaba yo de loca! Enajenada total. ¿Cuánto tardamos en volvernos cada vez más cerrados? Un año. Vivíamos humillaciones, maltratos, menosprecio. Nos recordaba lo torpes que éramos, lo mal que hacíamos las cosas. Él consideraba que las relaciones emocionales dañaban a la gente, que si no estás en la iluminación, que es la verdad última, más vale no tener relaciones ni con la familia. Teníamos que dormir cada uno por separado y en el suelo. Nos obligaba a hacer numerosas postraciones. Nos despertaba a cualquier hora de la noche o no nos dejaba dormir. ¡Ahora veo que estábamos gilipollas, obcecados, y entregábamos la vida a ese señor!

Allí había abogados, psicólogos, profesores de instituto, gente con cabeza y familia. Unos se fueron y otros nos quedamos. No era un sitio pulgoso. Había un enfermero, dos médicos. Una doctora sigue allí, creyéndoselo todo. Este hombre tiene mucha labia, es un psicópata narcisista, muy inteligente y manipulador. Se lee un libro hoy y mañana está dando una conferencia como si fuera un experto. Es un charlatán y un fraude. Nos enganchó a todos. Nos dominaba a través de sus cuatro mujeres. Una de ellas era la reina y nos sometía a todos. Entre ellas eran territoriales. Había rollos de celos. En teoría no eran pareja. Tenían un *jacuzzi*-sauna y se bañaban todos en bolas, los cinco. No he vivido nada más incómodo, pero a mí nadie me tocó un pelo ni se me acercó.

No tenía sentido del peligro, era muy osado. Mezcló cristianismo, hinduismo, budismo y la locura de un drogadicto. Paró lo de la ayahuasca, porque si se corría la voz podía ser negativo para el centro y decidió cortarlo. Pero dentro de la casa seguía haciendo ceremonias. Lo entiendo después por la forma en que salían, los ojos que tenían, cómo hablaban. En una de esas vino diciendo que era Buda.

En el centro llegaron a vivir unas treinta y cinco o cuarenta personas, en casas cuevas que hacíamos nosotros mismos. A los eventos asistían unas cuatrocientas y a los retiros unas sesenta. Ahora el grupo está cerrado al público, pero siguen unas diez o veinte personas. Le tienen miedo. Piensan que tiene poderes. En el budismo te enseñan que el gurú es más importante que dios, porque está aquí, ayudándote mano a mano. Hacerle daño a él es peor que hacérselo a dios, según dicen. Vas al infierno, aseguran, y la gente tiene miedo de ir al infierno.

Mi exmarido sigue allí. Mi hija menor, también. A la mayor nunca le gustó. Pero mi hija pequeña, continuando mi ejemplo, decidió entrar a hacer seis meses de retiro, cuando cumplió dieciocho. De pequeña veía que teníamos retratos de él, que le rezábamos, que su padre y su madre se iban los fines de semana para estar con él. No salió y ya lleva diez años allí. No hemos celebrado ni una Nochebuena ni un cumpleaños juntos desde entonces. Después de eso yo seguí allí un par de años más.

Yo me fui yendo poco a poco. No dije: me voy. Empecé a investigar, quise volver a las clases, pero me echaron porque vieron que ya me estaba alejando. Dije: solo quiero asomarme, solo para ver la cara de mi hija, pero no me dejaron. Ya le había perdido el miedo a ese señor. Le dije: no te estoy ofendiendo, y su mujer ya me empezó a hablar mal. Ahí nadie, ni mi exmarido, ni ninguno de aquellos con los que compartí diez años, nadie, abrió la boca. Me fueron alejando de allí.

Al año fui para pedirle perdón y acercarme a mi hija otra vez y volví a meter la cabeza para estar cerca de ella. Este hombre me dijo que me daba una segunda oportunidad, con la condición de practicar un voto de obediencia absoluta. Porque yo era diferente, dijo. No acepté. Era hacer lo que me pidiera las veinticuatro horas los siete días de la semana. Eso ya lo había vivido durante muchos meses: nos llamaba a la hora que fuera, nos daba enseñanza con tres prácticas al día y un néctar también tres veces al día.

Sí, es una secta peligrosa porque doblegan tu voluntad. Usó con nosotros presión coercitiva, que está penado en la ley. Los suicidios colectivos los llevan a cabo por presión coercitiva. Este señor es un peligro. Yo he ido cogiendo cordura con el paso de los años. Tenía una empanada... Te puedes despegar físicamente de la secta, pero teniendo a mi hija ahí, el sentimiento de culpa, de dejarla, de no tener acceso a ella, te ata. Hablé con una mujer lama, en uno de los viajes. Esa mujer me dijo: pelea.

DAVID

Cada vez las fantasías eran más degeneradas, ya no eran reales, porque si las practicaba acabaría en un hospital. Mi fantasía más grande, la que me daba más placer y un mayor subidón de adrenalina era estar con un grupo de *skins* que me humillase y me pegase. ¡Fíjate hasta dónde llega la locura! Y lo intenté buscar y una vez lo encontré.

El adicto cada vez necesita subir un peldaño más.

Recaí con la pornografía por internet. Busqué, encontré, quedé en un sitio. Me dijo: sígueme. Lo seguí. Me llevó a un descampado y vinieron tres más, entonces me empujó y me empezaron a patear. Yo creo en dios. No creo en la religión, pero creo en algo. En ese momento se me ocurrió chillar: Jehová, ayúdame. Y cuando lo dije, los cuatro de golpe se apartaron. Tuve unos segundos para levantarme y salir corriendo.

Cuando estaba ya lejos, yo iba a dar la vuelta para ir hacia ellos otra vez. La adicción al sexo, si no la paras, te lleva a la cárcel, ya que haces cosas ilegales, a los manicomios, porque te vuelves loco, o a la muerte. ¿Quién me dice a mí que no me daban una patada en la cabeza y me dejaban parapléjico o muerto?

En el descampado había un señor con un perrito. Cuando vio que yo retrocedía, me dijo: no seas burro, corre, corre y sigue corriendo. Llegué a casa. No te puedes ni imaginar en qué estado. Brutal. O sea, el colocón. Tú buscas el subidón de adrenalina. Mi estado era tan bestia por la situación que yo, fíjate cómo tenía la mente de loca, me dije: tengo que ir a buscarlos y pedirles perdón, pero lo que quería era volver a encontrármelos. Salí a buscarlos y no los encontré. Salí a buscarlos cojo, iba cojo, y no los encontré.

Antes de experimentar con las drogas, yo tenía una actividad sexual muy bestia. Yo montaba conductas de tríos, orgías. Me iba al bosque desnudo por si aparecía alguien. Cosas muy, muy de loco. Luego conocí las drogas y sustituí el sexo por las drogas. Cuando tenía ganas de consumir, no iba pensando en que iba a practicar sexo. Esto suele pasar mucho en la adicción. Llevo años limpio y sé que si hoy yo me tomo una droga, no puedo parar, lo sé. Esto es lo que me pasa a mí, como a muchos otros adictos. Utilizaba mi cuerpo para encontrar más sustancias. Mi intención era buscar esa sensación que me daban las drogas y luego buscaba sexo con el bajón, cuando no tenía ni un puto duro, perdona que lo diga así. Me iba a los baños de la estación de Sitges, al folleteo que había allí.

Cuando tenía unos siete años, pasó un motorista y me dijo: ¿a dónde vas? Me llevó por otro camino. Me dijo: mira que soy médico y te ha picado un bicho. Y entonces me empezó a tocar. Salí corriendo. Recuerdo que él me insultó, pero no me forzó, menos mal. Diez años después, hice el amor por primera vez con una persona y fue una pasada. Y ahí yo dije: quiero esto. Empecé a conocer a extranjeros y tuve muchas relaciones sexuales con un montón de hombres; pero yo no me veía adicto al sexo. Me veía como un adolescente que estaba disfrutando de la vida. Tenía una doble vida, como muchos gais al principio, y más en los años ochenta.

Trabajé en una discoteca de noche, imagínate, y ahí empecé a tontear con las sustancias. La adicción no es una cuestión moral. No hay nada de malo en montar orgías, en meterte en cuartos oscuros, en la sauna, incluso por ir con una prostituta. Yo no veo nada de malo, siempre y cuando no te hagas daño a ti y no hagas daño a otra persona. La adicción es entrar en compulsión, en obsesión. Tu mundo se fija en todo eso. Es una burbuja. El problema de la adicción es que entras en un estado de placer tan, tan grande, que no percibes el peligro, lo minimizas.

Un lobo negro era la enfermedad, que quería sexo, quería vicio, quería incluso una baja autoestima, negación, depresión, resentimiento. Un lobo negro que estaba ahí siempre, los miedos. Tienes un vacío enorme porque hay un montón de carencias, sobre todo afectivas. La adicción al sexo es tan carnal que no hay amor. ¿Cómo tapas ese dolor? La única forma que has aprendido es con más sexo.

Era la época del sida y lo que sí que pasaba, en esos momentos que no controlas el peligro, era que no utilizaba el preservativo. Ahí fue cuando me salió que era seropositivo. Pensé que no iba a vivir porque la gente se moría, apenas duraban meses. Viví con mucha más intensidad y me volví mucho más loco. Los primeros tres años fueron increíbles, increíbles.

Me empecé a dar cuenta de que tenía un problema porque ya veía que me estaba metiendo muchas drogas, que ya me costaba parar ahí. Ya mentía, ya manipulaba, ya robaba para poder seguir drogado y vendía mi cuerpo. Recuerdo que estaba en una sauna y compré un montón de droga. Me comí la mitad y estaba a punto de desmayarme, y cuando notaba que tenía un poco más de conciencia, me tomaba otra pastilla. No podía ni moverme.

Toqué fondo suficiente como para buscar ayuda, porque uno solo no puede con las adiciones. Cuando conseguí parar el consumo con ayuda de grupos y especialistas empecé a tontear un poco con el sadomaso, con la humillación, pero no a lo bestia, ¿sabes?, con los juegos típicos que suele practicar la gente cuando empieza con esto. Humillación, castigo. No agredí nunca. Hay mucha gente que bebe y no es alcohólica, hay mucha gente que toma drogas y no es adicta. Pero justamente con el sadomaso es muy fácil, muy fácil, que te enganches. Luego ya no tienes placer con una relación sexual normal sana. Meterse el puño por el ano y orinarse... hay tantas cosas, y normalmente el adicto siempre encuentra una que es la favorita y de ahí van saliendo más. El nivel de placer que buscas es muy fuerte, muy fuerte, pero a la vez tienes una sensación de insatisfacción continua, una conducta que te hace sufrir. Tú dices: nunca más voy a hacerlo, y aun así vuelves.

A mí me iba mucho el tema de los *skins*, pero encontraba a alguien que decía que era *skin* y luego no lo era, era solo gay. Íbamos a su casa y me insultaba, me escupía. Cualquier forma de humillación. Encontré el placer en eso. Fabriqué en mi cerebro una conexión según la cual cuanta más humillación y más dolor, más placer tenía. Y la construí. Yo la construí con eso. Durante unos dos años que estuve limpio de drogas, me metía todas las noches en clubs y gastaba bastante dinero. Yo empecé más bestia y empecé a lo real. Cuando estás con ese subidón de adrenalina no ves la realidad, te piensas que a lo mejor ese *skin* tiene un poco de gay y a lo mejor le da morbo, ¿sabes? Pero el *skin* no quiere a los gais, eso está claro.

Por vergüenza de lo que había hecho puse buena voluntad en participar en un programa, buena voluntad en pedir ayuda y, sobre todo, honestidad. Un camino que requería constancia, porque estaba repleto de baches y de pasos atrás. No me mantuve limpio hasta al cabo de unos años. Pasaron unos cuatro hasta que pude pararlo, recayendo cada dos, tres, seis meses. Por eso digo que esta adicción tiene tanta fuerza. La adicción al sexo es muy poderosa. Es la que más me ha costado parar, porque con las drogas tú vas a buscar un camello, con el alcohol vas a un bar. Pero la adicción al sexo la tienes dentro de la cabeza. Yo he de ir con mucho cuidado con lo que pienso. Los pensamientos tienen mucho poder.

Una vez recaí con un chapero con humillación. Ahí ya lo perdí todo. Hay un vacío enorme dentro de ti. Un sentimiento de vergüenza enorme. Un sentimiento de culpabilidad increíble. Miedo, mucho miedo. Terminas con una depresión. No tienes ganas de vivir. En cuatro meses limpio había notado algo y lo había perdido todo de golpe y porrazo. Y volver a salir hacia delante con todo ese dolor es horroroso. O sea, cuesta muchísimo, muchísimo. Cuando uno recae se siente una mierda de persona.

El adicto al sexo, cuando está en activo y deja su enfermedad libre y suelta, no pierde la conciencia total de la realidad. Entras en negación y minimizas el problema. Pero no somos locos, no somos psicópatas. La conciencia siempre está ahí. El que quiere dominar es porque necesita sentirse poderoso y obtiene placer con eso. Tanto en un caso como en el otro, si eres adicto eres un enfermo.

Yo llevaba seis meses limpio. Conocí a varias personas y una de ellas fue este chico. Él estaba de vacaciones y entonces a mí me dio mucho miedo, porque, claro, yo no sé tener relaciones sexuales con una persona. No sabía, no sabía. Sabía excitarme con la humillación, no con una persona que conocía. Hubo algo, una energía, su mirada, algo especial había allí, cuando lo vi, que me atrajo muchísimo. Al cabo de dos o tres días yo tenía muchas ganas de hacer sadomaso y estaba en casa ya vestido para salir. Con seis meses limpio iba a recaer. Hay momentos muy extremos. El móvil sonó justo en ese momento. Era un mensaje y era este chico.

Con el primer beso yo no me excité, pero sentí algo precioso y me dije: este es el camino, he de conocer a esta persona. Le expliqué todo. Él lo entendió bien y tuve la primera relación sexual con él tres meses después de conocerlo. Llevaba ya ocho meses limpio y, en realidad, sinceramente, no lo disfruté. Tuve que trabajar en reconstruir esa parte del cerebro con cosas bonitas y con el amor hasta poder disfrutar plenamente con él. Sentí placer sintiéndome amado, no humillado ni insultado. Para mí fue maravilloso. En ese momento descubrí ya cómo tenía que hacerlo y fui a la cocina a llorar. El resultado es que ahora llevo diez años con él, casado desde hace cuatro, y tenemos una vida preciosa, con sus altos y sus bajos, como todas las parejas, llena de amor, felicidad y alegría.

Tú te mantienes limpio, pero eso no quiere decir que se te hayan ido las ganas. La adicción siempre está dentro, está dormida y hay días que está más despierta. Por ejemplo, yo iba una vez con mi marido por la calle y lo veo precioso, tiene unos ojos hermosos, me encanta su mirada, es un amor... Y pasó un tío tipo *skin*, cutre, oscuro y se me quedó mirando todo el rato. Y yo sentí que me quería usar. No giré la cabeza por respeto, porque tenía al lado a mi pareja y cuando pasó de largo miré a mi pareja y te aseguro que lo vi feo. Y se lo dije. La adicción está ahí. La solución es participar en un programa, mantenerse limpio, estar en el lado del amor, de la parte humana.

Casi cada día me llama alguien para pedir ayuda. Cuando yo rescato a otros, si quieren ser rescatados, ellos me rescatan a mí. Tengo una responsabilidad. He pasado por lo que he pasado, he sufrido lo que he sufrido, pero sé que debo ayudar a los demás, si quieren. Tengo que intentar sacarlos de esa culpabilidad, porque sé lo que es. Y si está en un sistema de negación muy grande, debo abrirle más los ojos para que sea consciente. Pero cada persona es diferente.

Yo tengo el gran privilegio de no haber muerto.

TANIA

Cuando iba a comenzar el Mundial de Catar, contacté con una agencia de *escorts* que me dio un número de teléfono. Llamé y les dije que quería ir a trabajar a Doha esas cuatro semanas de fútbol. Me explicaron que yo debía comprar mi billete de avión, por unos ochocientos euros que luego serían reembolsados una vez comenzara a facturar. Ellos me recogerían en el aeropuerto para llevarme a un hotel. Viajé con otras tres españolas, a las que no conocía. Cuando llegamos mostramos nuestros pasaportes en la aduana. No nos pedían visado. Me registré en el hotel, cada una iba por su cuenta, sin acompañantes. Me entregaron un móvil al llegar y recibía mensajes como: tienes un cliente, abre la puerta.

En Catar me la jugué. Estuve once días. No sales de tu habitación. Vas a lo que vas. Tienes que estar escondida, que no te vea nadie. Si te pillan, son muchos años de cárcel. Había peligro incluso si salía como turista. Me dijeron que no iba a correr ningún riesgo, pero la experiencia fue horrible, fatal. Estoy ahora en tratamiento psicológico.

No sé de dónde eran los clientes. No sé distinguir. No hablaban español. Había turistas y gente de allí. Un día me robaron todo el dinero que tenía y me arrastraron por los pelos. Tengo marcas en diferentes partes de mi cuerpo. Pude coger una bata, salir de la habitación y escapar del hotel. En la calle, casi desnuda, le hice señas a un chico que tenía coche. Me subió y me salvó. Si no me hubiera ayudado, estaría muerta. Allí se paga más, no se puede comparar con España. Pero yo no gané nada, porque me lo quitaron todo. Me robaron.

Al no poder acudir a la policía, porque la prostitución está prohibida, los hombres sienten que pueden hacer lo que les da la gana. De las cuatro chicas que viajaron conmigo, una también sufrió una agresión y las otras dos se quedaron.

Es como en España, con la diferencia de que no hay protección ni seguridad. Soy propietaria de una peluquería y una academia de estética, pero el dinero que gano con la prostitución no es el mismo ni por asomo. De las chicas que conozco, muchas hemos viajado. Yo normalmente estoy en España pero, al quitarnos la publicidad, el trabajo ha decaído y solo queda la solución de irse a países donde está prohibida la prostitución, como Francia y Catar.

IRENE

Estudié Ciencias Políticas en la Complutense y un máster de Género. Dos años después de terminar mi carrera y uno después del máster, me mudé con la que era mi pareja entonces. No tenía que asumir el alquiler. Estuve dos años viviendo fuera de casa de mis padres. Cuando acabé con esa persona, no tenía capacidad económica para un alquiler ni para ahorrar, así que volví a casa de mis padres tras el confinamiento.

Es complicado. Pasas de tener independencia en tu vida a volver a casa de tus padres, con sus normas y una convivencia que en mi caso es buena, pero podría no serlo. Vuelves a depender de ellos, aunque trabajes y pagues tus cosas. Tu madurez personal y emocional no terminan de asentarse.

Me sentía un poco ahogada a los veintiocho años y busqué compartir piso, pero vivir con otras personas... Yo salía de mi casa a las ocho de la mañana y llegaba a las nueve de la noche. Ponerte de acuerdo sobre la comida y la limpieza con gente que también está todo el día fuera de casa es difícil. Se acababa el contrato y el dueño decidió encarecerlo porque la zona estaba subiendo mucho. Nos pedía cuatrocientos euros por habitación. Volví con mis padres.

A nivel emocional no terminas de estar en ningún sitio. A veces me siento como un caracol, con mi casa a cuestas. Mi ropa para la tarde, mis pinturas para la noche, mi comida... En casa de mis padres puedo ahorrar, aunque ayudo, porque no estoy de okupa. Tengo capacidad de ahorro, aunque no la suficiente para comprarme una casa. Yo hubiera vivido sola en mi barrio, lo tengo muy claro. Siempre lo he querido hacer, pero si pago un alquiler tengo que renunciar al ocio y al ahorro.

En mi caso suponía pasar penurias, al menos donde mis padres es digno. Pero el regreso es un paso atrás. Al final te sientes impotente. No puedes avanzar en tu vida. Todo es como cuando tenías quince años. Estar en casa de mis padres significa cumplir sus normas. La casa no es mía. No tengo dónde poner mis cosas. Allí guardaba todo en cajas. No terminas de asentarte. Al menos no tenía mucho, vendí el sofá y lo demás lo metí en un trastero. Todo esto siempre con un sueldo y un trabajo estable.

Luego me mudé con mi pareja actual, que por suerte tiene un piso propio. Pagamos los gastos a medias. Hace año y medio, pensamos en irnos a otra casa que nos pillase un poco más cerca de nuestros trabajos, pero no pudimos.

En las dos situaciones en las que he compartido piso con mi pareja él ha asumido el coste. Antes alquiler y ahora hipoteca.

El problema es que yo nunca he podido vivir sola y no me he podido emancipar. Gano un sueldo por encima del salario mínimo. Mi primer trabajo era de media jornada, mientras estudiaba, y luego de jornada completa. Pero si me mudo sola no podría ahorrar para comprarme una casa. Tampoco hay otro recurso. Si pasa algo debo que volver a casa de mis padres. Tengo la sensación de que nunca voy a poder ser independiente a nivel de vivienda. Es horrible esta ciudad. Miro alquileres cada seis meses pero cada vez son más caros y pisos en peores condiciones.

Como un piso sola me costaba todo el sueldo, he visto habitaciones muy caras con un baño sin reformar para cuatro, con personas desconocidas. Cada vez suben más los precios. Yo buscaba en mi barrio, donde están mi familia y mis amigos, conozco a todo el mundo. Encontré una opción: meterme en un bajo sin ventanas que había sido una papelería. Era lo único que tenía un precio que podía haberme permitido sin contar los gastos y mi vida.

Para poder disfrutar de una vida independiente tendrían que bajar los precios del alquiler. Se está pagando por encima de lo que vale un piso viejo, sin reformar, que no será tu casa ni te dará estabilidad con los propietarios. Aunque me subiesen el sueldo, que no es malo, no puedo permitírmelo. Tendría que ganar el doble. En mi barrio hay muchas inmobiliarias, están todas las grandes, y los alquileres y las ventas los llevan ellos. Ves que los bancos compran pisos a la gente mayor, pues hay una población muy envejecida, y esas fincas las gestionan empresas. No encuentras a gente conocida en el barrio que pueda alquilarte una casa.

Mis planes son ahorrar e intentar comprarme una. Según están las cosas, no hay otra opción. Si la situación sigue como ahora, en diez años podría tener la entrada, siempre que siga ahorrando lo mismo, con un poco de ayuda de mis padres. Y luego asumir una hipoteca. Mi generación está cansada de vivir en casa de sus padres, cansada de que nadie nos escuche, de que gobierne quien gobierne la situación siga empeorando.

Los barrios son espacios cada vez más inhabitables. Hay que cambiar esto ya, urgentemente. Espero que la gente empiece a organizarse, porque no es un problema sencillo de solucionar. Mi lema es: vivienda digna para todas. Al final, si no tienes una vivienda digna, tu vida no se puede desarrollar. Por ejemplo, si vives en casa de tus padres, no te planteas tener una familia. Yo no quiero tener hijos por una decisión personal, pero tampoco podría tenerlos si quisiera. ¿Qué estabilidad le podría dar a mi hijo? Al final la gente renuncia a tenerlos. Cumples treinta años con un sueldo más o menos bueno y una vivienda más o menos estable, y ¿vas a tener un hijo? ¿Cuándo se desarrolla tu vida entonces? Porque tu vida empieza cuando te has podido emancipar. Pero si tengo un hijo no puedo disfrutar de mi espacio. Yo creo que esa es la dicotomía de la gente de mi edad.

Al final se normaliza que en mi grupo de amigas todas estemos yendo a terapia por enfermedades endémicas. Asumimos que vamos a tener ansiedad, tomar pastillas, ir con la casa a cuestas todo el día y no encontrar un trabajo mejor ni estar en un lugar donde te promocionen. Eso en mi entorno no suele pasar. Se va a terapia por el trabajo, el ritmo de vida, las relaciones, la inmediatez, la rapidez... Relacionado siempre con que nunca llego a pagar los recibos, el alquiler, o con que tengo que hablar con mi casero y no me hace caso... Así es el día a día de una persona joven con suerte de tener trabajo.

CHRISTINA

En mi casa siempre tuve una educación conservadora y muy restrictiva. No era una cuestión religiosa. Más bien era machismo y sobreprotección. Mis padres fueron siempre muy cerrados con la sexualidad y siempre pensaron que yo era muy ingenua, una persona de la que se podrían aprovechar fácilmente. No solo en lo sexual, sino en todos los aspectos de la vida. En la única charla que mis padres tuvieron conmigo sobre sexualidad, me dijeron que yo era una chica muy rara, que estaba gordita y tenía el problema de la asimetría mamaria, y que ningún chico iba a querer tener relaciones conmigo hasta que estuviera más delgada y me operara el pecho. Significaba implícitamente que no era atractiva y que nunca tuviera sexo.

Mi madre me obligaba a hacer dieta. El tema del peso se convirtió en un problema, pasé una adolescencia muy dura y llegué a tener un trastorno alimentario durante varios años: bulimia. Para saber de sexualidad tenía que irme a una biblioteca a leer las nociones básicas en los manuales, porque tenía protección parental en el ordenador y en el colegio no me hablaban de sexualidad. Una vez quise hacerme unas fotos y mi padre me castigó, porque, según me dijo, palabras textuales: sales como una puta.

Cuando recibí un diagnóstico de aspérger a los dieciocho años, entendí las situaciones de acoso escolar y sexual que sufrí. Era 2010. Dejé de pensar que estaba loca y empecé a disfrutar de mi vida social, relacionándome con más personas con el síndrome. Encontré un novio, con el que me sentí preparada para tener relaciones sexuales. Mi padre se enteró y montó en cólera. Me prohibió verlo, siempre había sido bastante violento. Porque lo digo yo, no vas a hacer lo que te dé la gana, decía. Pero yo no estaba dispuesta a renunciar a tener una pareja. Me amenazó con echarme de casa y se retractó cuando no accedí a su chantaje. Por ese entonces yo ya era mayor de edad y no tenía un título de discapacidad.

Ese mismo año mis padres me dijeron que lo habían estado pensando y que lo mejor para mí era ligarme las trompas. Me hablaron de sus ventajas: no te va a doler nada, se protegen los ovarios de quistes, la regla se va a regular, el flujo es menos abundante... También me dijeron que, como tenía novio y yo era muy descuidada, sería una irresponsabilidad por mi parte traer un hijo con aspérger al mundo para que sufriera lo mismo que yo. Esa frase me hizo clic en la cabeza y tomé la decisión de ligarme las trompas. Mis padres tramitaron el proceso. Me operaron en un hospital privado. El médico me dijo exactamente lo mismo que mis padres. No me explicó el procedimiento que seguiría. Si alguien me preguntaba, yo decía que no quería que mis hijos sufrieran de incomprensión por tener aspérger y que yo podía cometer estupideces.

La operación la recuerdo traumática. Recuerdo estar en el quirófano totalmente desnuda, con la cama en medio de un pasillo y los médicos que entraban y salían. Me sentí muy violenta. Me durmieron y ya desperté.

Años más tarde descubrí que me habían manipulado, pero en ese momento no lo vi. Cuando tuve otra pareja, en 2014, él me preguntó por qué me había operado y le respondí lo de siempre. Y él me dijo: «¿y qué hay de malo en tener unos hijos aspérger? A partir de ahí me empecé a plantear que no había tomado esa decisión de manera libre. No me obligaron, pero no fui libre. Para revertir la operación hay muchas complicaciones. No sé si quiero tener hijos, quizá en un futuro, pero ahora no. Me da miedo el dolor del parto, no me gustan los hospitales. Tal vez hubiera decidido tener hijos. Solo sé que ahora no habría tomado la decisión de hacerme una ligadura de trompas a los dieciocho, porque no sabes qué te va a deparar la vida.

Empecé a colaborar con instituciones y a ser activista, a descubrir mis derechos, a entender el paternalismo en las familias. Me fui de casa a los veintidós años. Mis padres fueron los primeros en querer que yo me fuera y yo no quería quedarme. Ellos nunca quisieron encargarse de mí y se sintieron aliviados cuando obtuve mi título de discapacidad, porque ya habían cumplido y ahora yo podía tener la ayuda del Estado.

Los padres no pueden dejarse llevar por prejuicios, que vienen del miedo. Cuando un padre esteriliza a su hija es porque tiene miedo, no cree en las capacidades de su hija y le hubiera gustado que no tuviera discapacidad. Se engañan a sí mismos y lo camuflan con que lo están haciendo por el bien de su hija, pero lo hacen para su propia tranquilidad. Las mujeres con discapacidad siguen siendo mujeres, siguen siendo personas y tienen unos derechos que no se pueden vulnerar: unos derechos sexuales y reproductivos, un derecho a la maternidad. Es irrelevante si la discapacidad es leve o necesita más apoyo.

Hay muchos casos de personas con discapacidad que han sido esterilizadas sin haberlas informado. Si eso sucede es porque muchas de esas mujeres desconocían lo que les iban a hacer o les mintieron de una manera atroz. No es fácil contarle esto al mundo porque te afecta profundamente y es un tema tabú. Por no querer señalar a sus familias con el dedo, muchas veces estas mujeres se lo callan pero el silencio perpetúa el abuso.

SANDY

No me importa que sepan quién soy. Los demás pueden aprender de una lección que ha sido tan dolorosa y dura para mí. Tengo setenta y tres años y a mí me gusta Luis Miguel y me gusta su música. Un día estaba en Facebook, donde salía una imagen de él que decía: ¿quieres chatear conmigo? Envíame un mensaje. Yo le escribí y empezamos a chatear de ida y vuelta. Me preguntó si yo era fanática de él, le dije que sí. Entonces me explicó que podríamos hablar más si adquiría la tarjeta de fanática. La tarjeta bendita me costó quinientos dólares. Él me dio una dirección electrónica de una empresa, porque decía que en Estados Unidos a las celebridades las controlan terriblemente, incluso el tiempo que pasan en el teléfono y a dónde van.

Empezó hace casi un año. Así comenzó la cosa: yo le escribía y él me respondía, para atrás y para delante. Hasta que me dijo que un día me iba a sorprender, que iba a venir a conocerme a mi casa.

Pasamos a hablar por WhatsApp y por mensajes a través de Google, que es lo mismo. Le di mi teléfono. Estupideces he cometido a miles. La mayoría de la gente me consideraba inteligente y no puede comprender como caí en esto. Me lo han recriminado muchísimo, pero yo les digo que de nada sirve que me recriminen porque no lo va a solucionar.

Al principio me hablaba bastante de amor. No pasaron ni meses. Decía que yo era comprensiva, muy amorosa y así. Que él me quería en su vida, que nunca había encontrado a nadie como yo.

Me decía: te quiero, mi vida, te amo. Me decía cosas que me llegaban al corazón y yo lo creía todo, como una estúpida, porque eran preciosas. Decía que nuestra canción era la suya de *Te necesito*.

Yo creo que a todo el mundo le pasará igual. Todos tenemos ese deseo de que nos quieran. Cuando te empiezan a decir cosas, como te amo, eres la mujer ideal... Una vez me dijo que el universo se había confabulado para que nos encontráramos.

Mayo 2023

—*Buenas noches. Soy yo, Luis Miguel.*

—*Te diré que estaba dolida, pensando que estabas jugando conmigo.*

—*Siempre estoy aquí para ti.*

—*Me figuro que estás increíblemente feliz al saber que tus conciertos están completamente vendidos en todos lados.*

—*¿Cómo va tu día?*

—*No hace mucho que estoy despierta. ¿Hasta cuándo estarás en España?*

—*Tengo que quedarme aquí por mucho tiempo y luego te haré una visita.*

—*No me ilusiones, a menos que estés seguro. Estoy sorprendida de cómo me he apegado contigo.*

—*Confía en mí.*

—*Te pregunté si aún me quieres y no me respondiste.*

—*Te amo y, para ser honesto, no puedo esperar para conocerte pronto.*

—*Estoy sumergida en ti. Escucho tu música prácticamente todo el día. ¿Por qué me amas?*

—*Te amo por tu pasión por mí y porque te quiero en mi vida. Mereces ser amada por mí.*

—*Enviaré un correo a tu oficina informando de que tomaré la tarjeta de quinientos dólares.*

—*Está bien, cariño, eso también es bueno. [...] Solo rezo para que no me lastimes, porque no podría soportarlo, mi amor... créeme, bebé, te amo, pero todavía necesito más tiempo para encontrarnos.*

—*Más probable es que me rompas el corazón tú a mí.*

—*Iré a tu casa y planeo quedarme dos semanas, cariño.*

—*Hasta estoy con deseos de llorar. Me siento súper emocional.*

Pagué la tarjeta, pero no me la enviaron a mí. Se la enviaron a él. No entiendo por qué. Lo voy a denunciar porque eso es un fraude. Tenían la obligación de dármela a mí. Existe, porque yo la vi. El hombre que se hace pasar por Luis Miguel me mandó una fotografía. También me decía que le prestara cien dólares para pagar la internet. Sus peticiones eran así. Por ejemplo, había una caja suya retenida en la aduana y recibí correos electrónicos de una empresa que pedía que pagara los portes porque la caja era, efectivamente, suya; si ves la etiqueta pone «Luis Miguel» y mi dirección, él la había enviado. Me dijo que había seiscientos mil dólares. La caja estaba retenida y si no pagaba, no se la entregaban. Me pedían mil y algo. Y así como una imbécil le daba cien dólares, doscientos, para ayudarle a pagar. Él me contaba que el banco lo tenía bloqueado, porque era una cuenta de negocios y no personal.

Julio 2023

—*Entiendo que necesitas tu dinero.*

—*Jejeje, necesito tu abrazo más que nada, cariño.*

—*Ojalá pronto en la misma cama.*

—*Así puedo hablar contigo, enamorarte, hacerte el amor y tener sexo contigo, mi amor. Cariño, ¿ves películas porno? ¿Alguna vez has visto películas porno antes, mi amor?*

—No. ¿Crees que es necesario verlas? Mañana preguntaré si pueden acelerar tu transferencia.

—Está bien, cariño. Me gustaría que me hicieras un favor, mi amor. Quiero que veas películas porno para que aprendas muchas cosas y cómo puedes hacerme sentir bien cuando llegue a casa.

—No creo que sea lo mío. Cuando vengas, veremos.

Yo le respondía del mismo tono. Yo sé que suena un poco estúpido porque él es un cantante muy famoso pero existen casos en la vida real. Matt Damon se casó con una persona completamente desconocida, que no era nada del otro mundo. Por ejemplo, el hecho de que él nunca se hubiera casado y me dijera que conmigo sí se quería casar. Muy al principio me preguntó si yo estaba dispuesta a venir a España para estar con él, y yo le dije que sí. Pronto, pronto, pronto, no sé exactamente cuándo.

Agosto 2023

—Hola, cariño. ¿Todavía estás durmiendo, bebé? Yo tuve una noche estresante en el concierto.

—No, no puedo dormir, no puedo. Estoy pensando en lo maravilloso que será cuando estemos juntos. Podré consolarte y hacerte olvidar esos momentos difíciles entre mis brazos, que te recibirán después de tus conciertos.

—Hablamos más tarde, cariño. Tengo que arreglar las cosas. Te enviaré un mensaje de texto cuando tenga tiempo, mi amor.

—Puedes llamarme después de tus conciertos, si quieres.

Él me decía que no me iba a explicar cómo nos íbamos a casar, pero que ya lo tenía todo dispuesto. Que él no quería que nadie dijera que yo era su novia, sino que dijeran que era su esposa. Él siempre se refería a mí como su esposa. El plan de venir a España siempre estuvo ahí.

Me enviaba fotos íntimas. Yo no sé cómo se podría verificar a quién pertenecen. Era obviamente una fotografía tomada después de masturbarse para mostrar sus sentimientos por mí. Pero sexo por teléfono nunca tuvimos. Me decía cosas como: cuando estemos juntos lo vamos a hacer de todas las formas. Aquí y allá.

Los chats eran en inglés y él no lo domina bien. Yo soy perfectamente bilingüe. Su construcción gramatical es incorrecta, pero a él no le gustaba que le escribiera en español.

Diciembre 2023

—*Cuando vengas, encontraremos una manera de conseguirte otro coche para tus citas o tus recados, cariño.*

—*Ese es un gesto tan hermoso...*

—*¿Recibiste algún código en tu teléfono? Envíamelo.*

—*Te envié un correo electrónico que recibí que te da acceso a mi cuenta.*

—*No lo encuentro.*

—*Eres mi bebé impaciente. Lo he enviado tres veces.*

—*¿Puedes revisarlo?*

—*No sé qué está pasando. Me dicen que mi cuenta está siendo revisada y que no tengo acceso hasta que terminen.*

—*Dios mío, cariño. ¿Qué están investigando?*

—*No tengo idea, cariño.*

Decidí viajar a España. Encontré un boleto a buen precio. Lo compré. Se lo dije. Entonces no se apareció en el aeropuerto. Claro que ahora sé que es una estafa, pero por hablar puedes decir cualquier cosa sobre por qué has hecho algo. Eso no quiere decir que fuera cierto. Anoche me llamó por teléfono y estuvo treinta y tres minutos disculpándose por lo que había hecho, que había tenido problemas y por eso no había acudido [a recogerla al aeropuerto de Madrid]. Nada te justifica, le dije. Y él seguía con la cantinela de que me amaba y quería que las cosas siguieran como antes. Le contesté: la mujer confiada ya no existe. Ahora es como santo Tomás, hasta no ver, no creer. Y si dices quererme, tendrás que buscarme, porque tú sabes dónde encontrarme.

Yo le sigo la corriente por si suelta alguna cosa. Ayer me dijo: es que tú me amas. Y yo le respondí: sí, es cierto. No se puede amar y no sentir nada de un día para otro.

Él tuvo un montón de números telefónicos en esta relación.

No tengo más dinero, todo se lo di. Me quitó bastante, no sé cuánto, porque no lo he calculado [unos diez mil dólares, según aclararía más tarde].

Febrero 2024

—*Estoy atrapada con PayPal, les he llamado siete veces.*

—*¿Te dijeron que necesitan la cuenta para transferir el dinero? Bebé, responde.*

—*No emitirán el cheque.*

—*¿Entonces cómo van a enviar el dinero ahora?*

—*¿Tienes otra cuenta?*

—*No tengo otro PayPal, pero quiero crear uno ahora con tu nombre para que puedan enviarlo allí. Lo crearé ahora y me enviarás el código para verificar la cuenta.*

—*¿Dónde enviarán el código?*

—*A tu teléfono, el que estoy usando en WhatsApp.*

—*Te amo, mi querido hombre. Vas a tener una deuda enorme de besos y abrazos conmigo.*

—*Envíame el código, cariño. Y tu tarjeta bancaria. Necesitan que esté vinculada.*

—*Realmente no quería que la tuvieran. Pasé por un infierno para tratar de normalizar mi situación de pensión.*

—*No pasará nada con tu banco. Créeme, porque aquí yo también sufro contigo y no quiero que vuelvas a tener problemas.*

—*Te estrangularé si algo sale mal.*

—*Cariño, ¿cuál es tu límite de crédito?*

—*Trescientos.*

Él a veces me lloraba: tengo este problema, me tienes que ayudar. Me sentía condolida y lo ayudaba. El otro día fui tan imbécil que malvendí un anillo de brillantes para poder ayudarlo. Ochocientos dólares. He cometido muchos errores y lo reconozco. Pero ya le dije: de mí no vuelves a recibir un centavo partido por la mitad.

Voy a recuperarme emocionalmente. Ha sido durísimo. Esta es una lección muy dura, con grandes estragos emocionales. Me duelen mis sentimientos lastimados, heridos. Mi corazón destrozado. Eso es lo que me duele más. Todo el mundo se centra en cuánto me quitó. Yo no digo que el dinero no sea importante, cuesta mucho ganarlo. El dinero se puede reponer, pero no un corazón destrozado, hecho trizas, no es tan fácil. Sigo hablando con él para ver si suelta alguna cosa. Algo que revele quién es. Porque es una persona la que está detrás. Yo tengo mucho interés en que el verdadero Luis Miguel, el real, se entere de esto, que vea lo que está pasando.

Marzo 2024

—*Te amo y tu silencio me está matando.*

—*Estoy tan enojado contigo ahora mismo, bebé, porque te has negado a ayudarme a retirar mi dinero.*

—*No me he negado, estoy esperando a que depositen mi pensión para pagar lo que hace falta.*

—*Es el momento de recuperar nuestro dinero y comenzar a vivir una vida mejor.*

—*He intentado que alguien me preste mil dólares, pero hasta ahora no he tenido suerte.*

—*¿Aún podrás hacerlo el lunes, cuando te depositen?*

—*Tan pronto como lo tenga, lo intentaré.*

—*Muy bien. Te amo, mi querida esposa.*

—*Si hago eso, ¿estarás en el aeropuerto para recogerme?*

—*Si no puedo retirar mi dinero, no iré a buscarte al aeropuerto y te dejaré allí.*

Cuando no apareció en el aeropuerto me fui a hablar con la policía, a denunciarlo. Yo le había dicho que me diera un contacto de emergencia. Pero ese número no existía y cuando quise llamar, nada. Yo quería estar con él. La policía llamó al servicio social y me llevaron a un sitio donde me dejaron dos días. Pero recibí dinero por Western Union. Y al tener ingresos me sacaron de allí, aunque no me alcanzaba para regresar. El billete costó mil doscientos dólares, que compró un amigo para hacerme el favor.

MANADA

El día ha sido largo. De Madrid a Pamplona por carretera y desde las seis de la tarde, de fiesta callejera, al ritmo de la multitud que asiste a los Sanfermines. Al filo de las tres de la mañana, ella no encuentra a quienes la habían acompañado hasta entonces. Se sienta en un banco de la Plaza del Castillo. Allí está Prenda. Conversan.

—¿De Madrid? Qué equipo.

—Atlético.

Se acercan cuatro hombres más. «Mis amigos», presenta Prenda. Ella llama por el móvil:

—Qué vais a hacer... vale, quedamos después para ir a ver los encierros.

Cuelga. Anuncia que va a dormir al coche, aparcado lejos, en Soto de Lezkairu. Allí está su amigo, con el que ha viajado, que abandonó la fiesta antes, hace unas horas.

«Te acompañamos», se ofrecen Prenda y sus amigos. Los cinco que se hacen llamar La Manada. Ella cree en todo momento que son solo cuatro.

Caminan entre las carpas de las terrazas. Dos de ellos se adelantan, mientras ella fuma unos metros más atrás. Hablan con el portero de un hotel. Ella escuchará luego, en el juicio, que pretendían alquilar una habitación «para follar». Prosiguen la caminata. Fuera de la calle principal, uno de ellos, que la acompaña desde el inicio mientras los demás van siempre adelante, pasa su brazo por su hombro, por su cadera. Ella se escurre, disimula su molestia.

—Girando por aquí se llega antes al coche —dice y pretende separarse del grupo.

Ellos les siguen. La rodea la manada. En la calle Paulino Caballero, una mujer llama al portero automático del número 5. Prenda se apresura a sujetar la puerta. La mujer no entra, extrañada.

—Tía, ¿no entras? —inquiere Prenda.

—Vete a tomar por culo —le responde y espera a que entre él. Prenda sube en ascensor. Solo entonces la mujer usa el otro elevador.

Mientras tanto, ella se detiene con los otros cuatro detrás de una pared. Ella se besa con uno, Boza. Un primer y único beso. No se abrazan.

Prenda regresa al portal, sostiene la puerta abierta.

—Vamos, vamos —avisa.

Boza presiona y tira de su mano. Uno que usa un reloj de gran esfera, Cabezuelo, se adueña de su otra muñeca. Entre ambos la apremian. Ella intenta aparentar normalidad, iniciar una charla. Tiran de ella, más que caminar, la arrastran hasta dentro del edificio. Intenta zafarse. No puede.

—Calla —le ordenan.

Uno de ellos le tapa la boca con la mano abierta. Ella obedece. Son seis cuerpos apretados, ella en medio, que se mueven hacia una puerta interior de vinilo. Un hombre va delante. Los otros cuatro, atrás; bloquean el escape. Llegan a un rellano, después a otro y por último a un «habitáculo». Cómo caben en tres metros cuadrados cinco hombres de «fuerte complexión» que rodean a una mujer sin salida.

Acechada, envuelta, impresionada, nota que unas manos desabrochan la riñonera, otras abren el sujetador y se lo quitan, desatan el jersey atado en la cintura. La tiran, la inclinan, agachan su cabeza. Uno sujeta su mandíbula. Pantalones bajados, la obliga a hacer una felación. No reacciona. Cierra los ojos. A ratos los abre. Se fija en un tatuaje que adorna un pubis, una barriga. Le cogen de la cintura, deslizan sus *leggins*, su tanga. Ella no habla. Nada dice en esos largos minutos de sometimiento a la superioridad de la manada. Otro tipo, Guerrero, saca su móvil. Grabará un minuto repartido en seis vídeos. El primero, cuando Prenda y Cabezuelo se reparten su cara, y Boza y Escudero, su espalda.

—¿Quieres que te la meta? ¿Sí? Al fondo, vale —dice uno.

—Cómeme, *quilla* —dice otro.

—No la levantes tanto —pide un tercero.

Ella adopta una actitud pasiva ante las instrucciones de sus agresores: presionan sus mandíbula, cabello, nuca, hombro, labios. «Rictus ausente». Agobiada. Desasosegada, escucha los golpes secos, cortos, rápidos, solapados con que la embisten.

—Turno ahora, déjame —dice otro.

—Un poco más flojito tú, coño —replica uno más.

«Agazapada, acorralada», ella se deja conducir mientras la utilizan. En algún momento gime, jadea.

—No chille, no chille, no chille —le ordena otro.

Los cinco usan su boca. Dos, su vagina. Uno, su ano. Le producirá una lesión que requerirá asistencia facultativa. Prenda repite. Dos eyaculan. Los otros, no. Ninguno utiliza preservativo.

A las 3:27, Boza abandona la escena. Es el primero en salir, mientras Guerrero revisa la riñonera, le roba el teléfono, le quita la funda y la tarjeta, las tira allí mismo. Uno a uno salen del portal. Se reúnen fuera. Tres horas después, Prenda festejará por WhatsApp. «Follándonos a una los cinco [...] todo lo que cuente es poco [...] Hay vídeo».

Ella espera a estar sola para moverse. Se coloca el sujetador, se sube el tanga y los *leggins*, se amarra el jersey en la cintura, en ese orden. Recoge la riñonera. Quiere llamar al amigo que la espera en el coche. No puede. Llora. Más tarde solo podrá balbucear y temblar, desconcertada. No recordará con exactitud lo ocurrido. Sale del edificio a las 3:29. Camina hasta la avenida Roncesvalles durante veinte segundos. No puede más. Se sienta en un banco. El llanto sube de intensidad. Se encoge en posición fetal.

C.

Me operaron en cuanto me diagnosticaron. Estuve dos meses en el hospital. Un mes después del alta de la operación, pasé por treinta sesiones de radioterapia y luego quimio. Ocho sesiones en ocho meses. No hubo problemas con el tratamiento, no tuve complicaciones, pero sí tengo secuelas de la operación, que fue muy agresiva y afectó a la parte del cerebelo que controla la movilidad y el equilibrio. Me pusieron una prótesis facial. Tenía dieciocho años y mi parálisis estaba más marcada, no me movía bien.

Durante ese tiempo seguí estudiando. Tenía consultas en oncología cada tres meses y revisiones en oftalmología, neurología, maxilofacial, muchas consultas, muy frecuentes. No me quitaban mucho tiempo, pero sí tenía que ir al hospital. Para neurofacial y resonancias iba a un hospital de adultos, y para oncología, a otro infantil. Las citas eran dispersas a lo largo de los meses. Era complicado, pero no me limitaba. Terminé el bachillerato bien y nunca he repetido.

Cuando me diagnosticaron empecé a recibir clases en casa. Mis notas eran mucho más bajas, justitas. No eran las notas espectaculares de antes. Hice la selectividad casi recién terminada la quimio. Seguí esforzándome a pesar de las condiciones que tenía. Me siento orgullosa. No es por justificar esas notas, pero demostré que no me había rendido.

Quería estudiar Relaciones Internacionales. En una universidad me dijeron que en las privadas daban facilidades e intenté matricularme en una. Te hacen una entrevista. Te preguntan por las notas. En esa entrevista me dijeron: con tu situación... una persona como tú y con esta enfermedad...

Yo les comenté que ya había pasado la enfermedad y no estaba en tratamiento, solo en consultas de revisión. Ella me preguntó cuántas consultas y cada cuánto debía ir.

En esa universidad no consideraron que yo tuviese que estudiar una carrera que requería viajar y vivir en el extranjero. Me dijeron que su recomendación era que no estudiara eso y que esa universidad no era mi lugar. No me aceptaron. Me recomendaron estudiar una FP, que no requería tanta asistencia. ¿La gente cree que sabe más que tú lo que te conviene? Sé de otros compañeros que se han visto en esta misma situación. Somos rechazados en las universidades por una discapacidad que nos quedó después de vencer al cáncer. Son ideas preconcebidas. No creo que deban saber que sufro una discapacidad, reconocida o no. Tengo un problema visual, que no me deja ver bien las alturas, el 3D, me cuesta mucho leer o ver las pantallas. A la hora de estudiar, necesito más tiempo.

Con el rechazo, me enfadé. Me hundió mucho. Por momentos pensé que no podía valer para un grado. En ese momento lo pensé. Salí y les conté a mis padres: «me han dicho que no podía». Ellos me respondieron que si me había sacado el bachillerato en tratamiento, por qué esa señora que no me conocía de nada iba a determinar mi futuro. Psicológicamente no estaba muy fuerte, tenía otras cosas en las que pensar. Las secuelas físicas te llenan la cabeza. Pero busqué otra universidad. Encontré una en la que me dijeron «bravo» por lo que había hecho y que estaban orgullosos de que los hubiera elegido: podía ser un ejemplo para otros alumnos. Me ayudaron a entenderlo, por qué yo no iba a poder. Entré y me saqué el grado el año pasado. Ahora estoy opositando y sigo con las revisiones. Quedas en manos del médico para siempre. Una vez al año, tengo la revisión en el hospital.

Quiero ir al Parlamento europeo. No me lo había planteado, pero es una oportunidad. Y también preparo un máster en la

Escuela Diplomática de Madrid. En las oposiciones tienes veinte minutos para distintas pruebas. Yo me examino en las mismas condiciones que cualquier persona sin problemas de visión. En el máster, en cambio, me dan veinte minutos más.

No sé si emigraré. Si sufro un accidente o un golpe en la cabeza, en mi móvil hay unas instrucciones que indican mis diferentes afecciones, por si me tienen que operar y necesitan verlo. Está mi tipo de sangre y las cosas extra: una válvula en el cerebro para el líquido encefalorraquídeo, y una conexión de un lado a otro para conseguir mover la zona de la cara afectada por la parálisis facial, que indica que está funcionando. Son detalles importantes para mí, no es la anatomía de cualquier persona. Lo del móvil es un remedio casero, ya que no tengo mi expediente clínico completo. Yo quiero pensar que no me va a pasar nada. Antes sí lo pensaba: ¿y si me vuelve a salir el tumor?, o ese tipo de cosas. Antes sí tenía ese temor. No dejaba de pensar que me podía volver a pasar. Ya no lo pienso. Tengo otra mentalidad. La probabilidad de dos tumores diferentes es muy poca.

Con mis problemas de movilidad para hacer ejercicio o caminar, tener un día a día normal era complicado, me daba miedo. La parálisis facial también me afectó psicológicamente. No lo sabía llevar, pero ahora ya estoy mejor. Algunas personas se apartan porque yo soy superviviente a un cáncer infantil. No me gusta la idea de que mi carta de presentación sea esa. Para mí es mejor no contarlo. Si me preguntan, respondo. Pero intento no mencionarlo porque he visto que a la gente le importa mucho, aunque piensa que es algo muy lejano, que nunca le va a pasar. Para normalizar, bromeas, aunque no sea la mejor respuesta, dentro de tus límites. O te conviertes en un huevo de cristal. Duele mucho. Pasas a ser alguien difícil, cuidadoso, porque eres muy frágil. Si necesito ayuda, la pido. No quiero estar rodeada de personas que se preocupan de más.

El hermano de mi novio también tuvo cáncer y vivió una situación así. Él entiende que no me guste que me traten diferente. Es una suerte estar con alguien que comprende lo que he vivido. No tengo miedo a casarme o tener hijos. Se supone que el cáncer no es hereditario. Quiero pensar que a mis hijos no les va a pasar nada, les puede pasar o no, como a cualquier otra persona. Es tan aleatorio...

Sería formidable que los adultos que superamos un cáncer en la infancia tuviéramos derecho al olvido. Hay informes médicos que son para siempre, permanentes, que suponen una amenaza para los bancos y las aseguradoras. ¿Qué hay más luchador que un niño que ha superado un cáncer y continúa con su vida adulta? ¿Y le ponen esos impedimentos para pedir una hipoteca, por ejemplo? Si esa persona no murió cuando tenía la enfermedad y se enfrenta a los retos del día a día, ¿por qué imposibilitar que siga su vida a nivel económico? Ha peleado, ha ganado la batalla y que toda la vida tenga esa losa sería terrible.

B.

Uno

Mi nieta vive conmigo desde que tiene tres meses. Cuando iba a hacer la primera comunión, me preguntó:

—¿Le tengo que contar al cura lo que pasa con mi padre? Y le respondí:

—No, porque no es tu pecado. Es el de tu padre.

—Sí, pero yo a veces quiero que pase ya y le digo «vamos», porque así me deja tranquila el resto del día.

Lo dijo como una mujer mayor, que está cansada, pero tenía diez años. Nosotras sabíamos lo que pasaba desde que ella tenía tres, una vez que volvió de visitar a su padre. Ahora con catorce ha testificado ya en tres juicios, pero no le creen. El primer proceso fue en 2008, cuando el pediatra dio un parte por lesiones en la zona vaginal y una institución regional certificó que tenía conocimientos sexuales impropios para su edad. Se inició el protocolo. Al ser interrogada por los tocamientos de su padre, ella respondía: «me come las tetas» y «me toca el chocho». El juez instructor archivó la causa y levantó la medida cautelar de suspensión del régimen de visitas paternas. Nosotras no hemos podido hacer nada.

Durante años, mi nieta ha tenido vaginitis y a los siete años un flujo inusual. La llevé a otra pediatra, también de la seguridad social, que activó una segunda alerta cuando le contó con dibujos lo que sucedía con su padre. Otro juez volvió a archivar la causa y se reanudaron los encuentros con el padre. Un día mi nieta reunió bollería y se encerró en mi habitación, que tiene baño y televisión. Se negaba a salir, la sacó la policía, obligada, con ocho años. La Audiencia Provincial ordenó al mismo juez ampliar la investigación y tomar declaración a la niña, a la que no había querido escuchar antes. Ella volvió a contar todo. Se atrevió, a pesar del miedo, pero el juez volvió a archivar el caso. Esta vez añadió una orden: solo con autorización suya o del padre se podía llevar a la niña a los servicios psicológicos.

Desde entonces no volvió a abrir la boca. Es una niña triste y desconfiada que aún se cae de la cama y que se refugia en los estudios. Ha sido diagnosticada de trastorno disociativo por los servicios públicos. Nosotros le fallamos. Le dijimos que si hablaba no volverían a abusar de ella, que la ayudarían. Después del juicio se enfadó con nosotros, con la psicóloga, con el pediatra. Ella ya no cuenta nada y nosotros no le preguntamos.

Eso ocurrió en 2014 y tres años después descubrimos que tenía el virus de papiloma humano. Cuando la exploraron le vieron malformaciones en la vagina y el ano, típicas de intensa actividad sexual. Tenía doce años. Se abrió un nuevo procedimiento que instruyó el mismo juez. Ella declaró sin ganas: lo de las verrugas ha sido por lo de mi padre pero no lo voy a repetir otra vez. Me da vergüenza hablar sobre lo de mi padre. No me salieron por ir de la mano o darle un abrazo. No le he contado nada a la pediatra pero ella lo tiene que saber porque es médico.

El juez volvió a archivar la denuncia.

Ella no quiere que se sepa nada. La horroriza. Le da vergüenza. Quiere a su padre, pero le da asco.

Dos

Ya cumplió dieciocho años el primer día de este mes. Ya no tendrá que volver jamás a dormir en casa de su padre. Además, al final las cosas se pusieron increíblemente peor. La niña confiaba en el padre al principio. Sentía dolor y daño, lo dice ahora, pero lo tenía que admitir.

La maldad no era solo sexual. Iba más allá. Le decía que era algo que pasaba entre padres e hijas y que nosotros nos oponíamos delante de ella para que creyera que le dábamos la razón, pero por detrás él nos entregaba mucho dinero y por eso la mandábamos con él. Eso le decía, cuando pasaba una pensión de doscientos euros.

Era una niña de doce años y tenía lesiones de parto fuerte o de prostituta de barrios bajos. Yo discutía mucho con mi hija, que tiene cincuenta y un años y una grave depresión. Le pedía que no la entregara, que la escondiéramos. Pero ella me recordaba que la sentencia era clara y si lo hacía le quitaban a la niña. Si le preguntaba a mi nieta, ella siempre respondía: no me acuerdo.

Lo que para tantos ha sido perjudicial, para la niña fue la salvación: el confinamiento. El padre dejó de verla. Nosotras le dimos una vuelta al caso. Teníamos que mantener abierto el frente judicial para que no pudiera reclamar a la niña.

Ahora que es mayor de edad, todo eso se ha cerrado. Ella no lo va a denunciar porque le tiene pavor. La niña va a seguir adelante y quizá con el tiempo adquiera confianza para denunciarlo. Ahora siempre dice: dejadme en paz, quiero olvidarlo todo. Al menos, el riesgo de que el padre la siga violando ya no existe.

Terminó el bachillerato con sobresaliente, va a ir a la universidad.

Poco a poco nos cuenta cosas. No era solo el padre. Había terceras personas, que la sujetaban y le tapaban la boca cuando se resistía. Ella está hablando algo más y ya está dejando todo al descubierto. Ahora ella no quiere ni oír hablar del padre ni de la tía, que colaboraba en los abusos.

ALIZIA

Detrás de la puerta del baño había unos colgadores donde mi madre dejaba la bata o el abrigo. Si salía se ponía el abrigo y cuando entraba se ponía la bata y dejaba el abrigo y un pañuelo. Yo siempre me metía en el baño con el pañuelo de mi madre. Lo extendía y me lo ponía en la cabeza y jugaba a que tenía el pelo largo. Con dos años era mi juego preferido. Sentía una corriente eléctrica que recorría todo mi ser. En la adolescencia eso se convirtió en dureza, sufrimiento, dolor.

Yo esperaba que milagrosamente se produjera un cambio y por ello rezaba. Yo lloraba mucho porque me crecía el pene y no las tetas. Para mí eso era terriblemente doloroso y le pedía a dios que al día siguiente no es que tuviera que ser mujer, que ya lo era, sino que todos supieran que yo era mujer y no necesitara dar explicaciones porque ya todo el mundo me había visto siempre como mujer. Así yo podría ir con todos mis atributos femeninos, internos y externos, y sería la persona más feliz del mundo.

Siempre sentí la necesidad de una entrega total y gratuita por amor al servicio de las personas más necesitadas y, sin haber cumplido los veinticuatro años, crucé el charco para satisfacer esa necesidad. Lo encontré con las personas que huían de la represión militar, de los ejércitos salvadoreño y hondureño. Empecé a trabajar con personas refugiadas con Cáritas. Entré a El Salvador con conocimiento de la dirección guerrillera pero no del gobierno salvadoreño. No había prácticamente casas, estaban muy destruidas y la población civil existía, pero bajo control guerrillero. Yo era itinerante, iba visitando comunidades. Vi quemas de campos, bombardeos, destrucción de viviendas y de sembrados. Estoy hablando de la población civil atacada por el ejército salvadoreño y por los aviones gringos. Pasé mucha hambre y mi cuerpo se redujo considerablemente. Pasé muchísima necesidad, pero era feliz. Apenas si comía, pero era feliz.

En 1985 el ejército salvadoreño oficialmente me evacuó. Entonces viví dos años en Madrid y empecé a profundizar más en mí misma. Me seguí sintiendo mujer, por supuesto, pero, ¿sabes?, una de las cosas que aprendí en América Latina es que lo urgente no deja paso a lo importante. Y declararme mujer era importante para mí, pero vivía la urgencia de las demás personas.

Opté por el sacerdocio y por volver a América Latina. Quise estudiar Teología. Ignacio Ellacuría, Ignacio Martín, Segundo Montes, Juan Ramón Moreno y Amando López eran profesores míos y yo colaboraba en trabajos de campo. Un par de días a la semana jugábamos a pelota en una casa jesuita que tenía frontón, pues al ser de Euskal Herria siempre he tenido una gran vinculación con el juego de pelota. Cuando los asesinaron, yo estaba en otra parte con una bandera blanca en medio de los fusiles, rescatando gente. Me convertí en un objetivo del ejército. Todas las personas éramos sospechosas de ser guerrilleras.

Mi gran anhelo era trabajar con las comunidades indígenas en Chiapas [México] y llegué a la diócesis de San Cristóbal de las Casas, en Sabanillas, [donde surgirá el Ejército Zapatista de Liberación Nacional (EZLN) bajo el liderazgo del encapuchado subcomandante Marcos]. Trabajaba para que las comunidades indígenas recuperaran su dignidad como personas, cultura y pueblo. En base a esa dignidad surgió el EZLN, cuya creación nos la atribuyeron a la Iglesia.

El Gobierno dijo que había descubierto tres Marcos. Uno, el Marcos público, el que leía los comunicados y era un profesor universitario; el otro, que era un jesuita del municipio de Chillán que se encargaba de la organización interna, y para el tercer Marcos daban mi nombre, mis apellidos y hasta cómo me llamaba la gente. Según la inteligencia militar mexicana, yo era el tercer Marcos, que se encargaba de las relaciones internacionales, especialmente con ETA, por ser vasco. Yo me enteré por la prensa, porque lo publicaron.

Un día pararon el carro donde iba, se acercaron unas personas y me dijeron:

—Eh, ¿es usted el párroco de Sabanilla?

—Sí, ¿qué pasa?

—Queríamos hablar con usted, padre.

—Díganme qué desean, pueden hablar aquí —les respondí todavía dentro del carro, con la ventanilla bajada.

—No, queremos que baje.

—¡Arranca! —le dije al que conducía—. Yo no sé quiénes son estas personas.

—Padre, no puedo, me han quitado las llaves —me dijo el chófer. Abrieron la puerta y me sacaron.

Yo negué todas las acusaciones [de estar involucrado con el EZLN]. Yo solo podía acompañar al pueblo en sus decisiones y nunca he portado armas. Allí la muerte era mi hermana. Tan cercana, tan mía, tan vívida... tan al alcance de la mano que yo no podía pensar en el minuto siguiente. Solo en el instante concreto que transcurría.

Estaba de vuelta en el Estado español, con lo puesto, una mano delante y otra detrás; lo puesto era una camisa chica, un pantalón, unas playeras y unas zapatillas. Nada más, ni documentación. Era mi momento de atender a mi yo interior y empecé a informarme de lo que significaba la transexualidad. Dejé el sacerdocio, porque no estaba a gusto en mi iglesia. Fui perseguida, vigilaban mis pasos y mis homilías.

Los hombres que visten de mujer son estigmatizados. Los que se sienten mujeres prefieren callar. Recién se empezaban a abrir grietas. Estoy hablando del año 2000. Me interesaba el contacto con las personas y milité en este tipo de movimientos. Pero fue un proceso, no se dio de la noche a la mañana. Antes de hacer la transición quise disfrutar, adquirir conocimientos sobre lo que me pasaba. Vi que había más gente como yo.

Cuando eres clandestina no puedes dejar de vivir tu realidad a escondidas. Porque es locura social y vergüenza familiar. Empiezas en la oscuridad de la noche porque esta te protege hasta que sales de día.

Yo iba acompañada de mi pareja. Mi pareja es una mujer deliciosa y todo mi proceso de aparición pública como mujer lo he vivido con ella. Juntas elegíamos lugares donde no nos conocieran. Mi apariencia no era tan femenina, estaba sin hormonar y todo era más postizo. Yo no sentía vergüenza. Pero necesitaba protegerme.

Cuando comuniqué a mi familia mi condición, les dije: os tengo que dar una buena noticia. Ya sé lo que he sentido toda mi vida. Y lo voy a vivir. Felicitadme porque lo voy a vivir. La reacción de mi familia no fue de alegría, fue la contraria.

La vaginoplastia para mí es como una guinda en el pastel, revestida de dulzura. He conseguido por fin una vagina y he dejado de tener pene y testículos, que para mí era importante cuando empecé la transición.

Yo considero haber vivido mi vida como un camino de liberación.

SONIA

Estaba embarazada de alto riesgo y seguí las indicaciones. Había riesgo de parto prematuro y de rotura uterina. Soy enfermera y llevaba encima las dos historias, la del parto anterior y la de este. Me trataban como si yo estuviera muy nerviosa. Yo les decía que me encontraba mal. Les preguntaba si no me iban a dejar ingresada y me contestaban que no, que fuera a casa y me tomara un Valium. Yo les preguntaba por qué un Valium, si no lo tenía prescrito. Fui hasta tres veces a Urgencias. Pensaba que a la gente de riesgo la tienen que ingresar aunque sea un par de horas.

Sabía que pasaba algo, que las cosas no iban bien. Yo ya había ido por la mañana. Había registro de que ya tenía contracciones y riesgo de rotura uterina. Pero me devolvieron a casa. El médico, la segunda vez, me hizo la ecografía y dijo que estaba reteniendo orina; me dejó en un pasillo, no me pusieron monitores hasta que fui a dilatación, me dieron paracetamol, me sondaron la orina y se marcharon. Cuando volvieron y dijeron que me iban a poner monitores, ya habían pasado varias horas sin que el bebé estuviera controlado. No encontraban al niño y vinieron la matrona y un ecógrafo. Al final llamaron a un ginecólogo. Me metió un aparato vaginal y vio que el niño estaba en sesenta. Corriendo me trasladaron, pero, claro, tenía que llegar el celador... que no venía corriendo. Me pusieron la epidural pero no dio tiempo a que me relajara, el dolor era horroroso. Todo el tiempo despierta, les escuchaba decir lo que le pasaba al niño. El útero se había roto.

Mi madre estaba conmigo. Llamaba varias veces por el dolor. No era orina lo que vio el médico, sino sangre. A mi madre le dijeron que, seguramente, no contara con el nieto y, quizá, tampoco con su hija.

Me pasaron a Despertar y pregunté una y otra vez por el niño y ellos no decían nada: ¿está bien?, ¿se sabe algo?. No te podemos decir nada, respondió una enfermera. Hablaron con mi familia y fue mi hermana la que tuvo que contarme que el niño había fallecido. Ellos no se atrevían. El doctor dio la cara después de que viniera mi hermana.

No me dejaron ver al niño. No lo pude ver. A mí nadie me preguntó si lo quería ver. El niño pasó al anatómico forense. Lo reconoció mi familia, que sí entró. Yo estaba muy delicada, con un montón de puntos. Lo cremamos.

Yo estuve a punto de fallecer porque se me rompió el útero, que es lo que dije desde el primer momento que entré en Urgencias y me tomaban por histérica. No hay controles míos porque nadie me los hizo. La historia de mi niño tampoco aparece. Ellos reconocieron que faltan datos del historial.

Tengo otro niño, ¡y la fuerza que me da!

Tardé un montón en decidirme a demandar. Esto me dejó rota, necesité atención psicológica. Demoré tiempo porque cuesta dinero. La justicia es cara y los peritos valen dinero. Tuve que pedir un préstamo al banco de más de tres mil euros.

Trabajo media jornada para poder cuidar a mi hijo. Estoy pendiente de todo lo de la casa y de digerir lo que me ha pasado. Pero lo que ha ocurrido conmigo no es justo.

El dinero no va a reparar la pérdida y me acuerdo todos los días de mi niño, pero es satisfactorio que te den la razón y queremos que no le pase a nadie más, que haya un protocolo para embarazadas de riesgo y se cumpla. Porque a mi niño no me lo van a devolver.

Este tiempo ha sido duro. Mi hijo se ha quedado esperando a su hermano y yo a mi hijo. Ya mi útero no sirve. Si me hubieran dejado ingresada, a mi niño le hubieran dado una oportunidad. Pero no le dieron ninguna. Y si yo me hubiera quedado en mi casa, hubiera muerto. Los médicos deben escuchar un poco más a la gente que va. Yo llevaba la historia y ellos no echaron cuentas. Los protocolos no pueden ser iguales para las mujeres de alto riesgo.

Mi sueño es tener otro niño y ya no puedo.

Familia M.

Llegamos a España a las 7:30 de la mañana, después de nueve horas de vuelo, con nuestro hijo de dos años. Antes de pasar la aduana fuimos a la policía a pedir el asilo directamente, por persecución política. Esperamos media hora hasta que llegaron dos policías, chico y chica. Nos subieron a una furgoneta y nos trasladaron a la sala de la T1. A las dos horas nos atendió una comisaria, de trato fuerte y altanero. Nos dijo: ¿saben qué es el asilo? ¿Por qué no se van a otro país de Latinoamérica, en vez de venir a España de mantenidos? Nos abría sus ojos verdes grandes. Le pegó un golpe a la mesa: esto no es un centro de caridad. ¿Ustedes saben que aquí la capacidad es de treinta personas y ahí hay más de doscientas? Tienen que estar preparados. Van a dormir dos meses en el suelo. Ese fue el primer filtro. Quería que desistiéramos.

Le dijimos que estábamos dispuestos a lo que fuera porque Colombia no era seguro para nosotros. Esperamos hasta las cuatro de la tarde, sin desayuno, sin almuerzo. Quedaron en que nos iban a pasar un refrigerio y algo para el niño. Eso nunca llegó.

Cuando entramos nos dieron dos colchonetas súper delgadas, que son más una cobija. Nos pusieron en un cuarto de aislamiento, con un vidrio que permite ver desde afuera, pero no desde adentro.

Ahí nos acostamos. A las nueve llegó otra pareja. El espacio era muy ajustado. Dos por tres metros. Y muy frío. Al día siguiente estábamos llenos de moco con sangre por el frío del piso. Mi hijo, peor.

Nos dieron una comida: nos la tomamos fría. Una bandeja para meter en el microondas: arroz con pescado en una cajita, agua y una tostada. Al niño le dieron lo mismo.

Apenas pedimos asilo nos quitaron el móvil. Traíamos una *laptop* y también nos la quitaron. Las correas, la plancha de pelo, todo lo electrónico. Te los devuelven al salir, al ingresar con asilo o marchar deportado. Cuando nos retiraron el teléfono no avisaron de que no nos lo iban a volver a dar. Yo solo me sabía el número de un familiar. No sabía el de los demás y después ya no te dejan el teléfono para buscarlo.

Los teléfonos que hay en la sala de asilamiento son solo para recibir llamadas. Hay cuatro y a cada rato están averiados. O no escuchan o uno no escucha.

Recién llegamos fuimos a pedir un minuto para llamar a mi familia. Eso lo gestiona la Cruz Roja y la persona que atendía me pidió que fuera más tarde, pues estaba ocupada. A las cuatro horas volví y me dijo que ya había tenido un minuto para llamar. Ese es el tiempo para dar el número donde estás y que la familia te pueda llamar. Pero cuando queríamos ese minuto, siempre decían que estaban ocupadas. No nos comunicamos con nuestra familia. En diez días no nos dieron tiempo para llamar. No decíamos nada para no molestarles y que no nos regañara la persona de la Cruz Roja. Siempre repetía que estaba ocupada.

Salíamos a una segunda sala, donde permanecían todas las personas que pedían asilo. Se sentaban a esperar la entrevista o a que les entregaran el documento de denegación. Ahí mismo daban las comidas. Había que estar pendientes porque a veces los policías pasaban lista para entregar las raciones, pero otras las llevaban en canastas que vaciaban en la mesa. Dos días nos quedamos sin comer, porque algunos se agarraban dos y tres bolsas, aunque estaban contadas. No había control. Nadie ponía orden. Como darle de comer a los marranos.

A la quinta noche hubo una situación con varios latinos a los que devolvían. Ellos no querían. Se negaron, entró la policía y empezó a golpearlos. En ese golpeo ellos partieron puertas. Un caos en la sala, gritos. Entre cuatro policías cogieron a un pobre muchacho y le dieron una paliza, a patadas y puños en la cara. También con la porra.

Nos sacaron de la sala de aislamiento para meter a los rebeldes. Tenían a uno de los chicos esposado. Normalmente los vuelos los ponen de madrugada, para que la gente que viaja no vea cómo se resisten.

A nosotros nos acomodaron después en un cuarto con dos catreras. Los baños eran comunales y siempre había desaseo. Los orines rebosaban. Los hombres se metían al baño de mujeres. El agua era un problema para ducharse. Casi siempre había agua fría. Te dan un kit con cepillo, dentífrico y desodorante. En la noche había calefacción, pero de día era un congelador. Las luces están todo el día prendidas en la sala. A veces uno estaba durmiendo en su habitación y los policías encendían la luz. Les teníamos miedo y uno trataba de no preguntar, de hacerse el dormido. Daba miedo que te pegaran. No había ese respeto hacia uno.

Todos somos seres humanos y uno viene de una situación dura a enfrentarse a otra peor. Había bastante gente que desistía de su solicitud por no soportar el maltrato. Nosotros lo teníamos claro, pero era doloroso por el niño, por no poder cambiarle la ropa. La suerte era que mi hijo comía lo que hubiera. El desayuno que nos brindaban era un jugo de caja y un paquete de galletas, a las once de la mañana. La comida, si estábamos de suerte, llegaba a las cuatro de la tarde. Y si no, a las cinco. Nos daban verdura, unas albóndigas en salsa, agua, pan y una papilla. Las cantidades eran pequeñas. Para el niño nunca trajeron nada diferente. En la noche, a las diez u once, venía un arroz que a nadie le gustaba; nosotros lo comíamos y nos daba un dolor de estómago horrible. Si lo dejabas sin abrir, al día siguiente te lo volvían a dar. Lo tenías que botar a la basura para que no te dieran lo mismo.

Mi hijo se ponía malito del estómago. Pero comía por el hambre. Nosotros guardábamos nuestro desayuno para darle al niño una merienda. Vivíamos solo con el almuerzo. Mi esposo entró pesando sesenta kilos y salió con cincuenta; yo con sesenta y cinco y salí con cincuenta y ocho, y el niño pesaba trece y medio y salió con diez.

Conocimos a una chica que estuvo veinticinco días y se intentó suicidar dos veces con las cucharas de plástico. Le quitaba una parte y hacía un cuchillo. Se cortaba las venas. No quería que la deportaran. Le denegaron el asilo la primera vez, lo intentó la segunda y ahí se cortó. Pagó un abogado. Metió la tercera. Volvió y se cortó. En la muñeca izquierda. Vivía muy deprimida. Había días que no salía. Ganó el cuarto recurso.

Había un chico de República Dominicana que era cristiano y se lo llevaron para deportarlo al octavo día. Cuando salía se resistió negándose a caminar. Le dieron un coñazo en la cara, en el pómulo izquierdo, uno de los dos policías que lo llevaban. Le decía las cosas tan rápido que no le entendimos, pero eran groserías. Lo esposaron también y lo metieron al cuarto de aislamiento. Estuvo dos días allí. No le dejaban comunicarse y cedió.

Los fines de semana y los festivos se dedicaban a deportar. Son los días que se escuchaban más golpes y gritos, de la policía y de las personas pidiendo auxilio. Yo vi a otro chico que lo tenían en el piso tendido. Se quejaba y lloraba. Me traumatizó verlo. Solo se quejaba y lloraba después de pegarle patadas y con la porra. Ya venía golpeado. Levántese, le decían y le pegaban. Me dio una tristeza que hasta lloré. Le dieron muy duro. Qué miedo.

A los nueve días nos hicieron la primera entrevista. Nos denegaron el asilo. La comisaria que nos atendió cuando llegamos nos dijo que no había nada que hacer y que seríamos deportados. En segunda instancia pasó lo mismo. Prácticamente estábamos fuera. Llegó la misma comisaria: se tienen que ir. Firmen los papeles. Nosotros no firmamos nada, dijimos. Dos horas después nos trajeron los pasajes aéreos. El vuelo salía a medianoche. Estaba en proceso otro recurso.

El niño ese día amaneció con fiebre, con placas en la boca. Acudí a la Cruz Roja. Tenía mucha fiebre. Pero son inhumanos, pierden la sensibilidad. Yo fui y les pedí una chaqueta. Me dijeron de mala gana que no tenían. Les dije que era para el niño. Buscaron y me la tiraron en la cara. Le puse la chamarra y le dio alergia, porque era de lana. Tuvo que seguir usando la sucia. Empeoró y me fui con dos policías a llevarlo a un médico dentro del aeropuerto, que dijo que tenía otitis e infección en la garganta. Le recetó paracetamol y gotas para el oído. Cuando volví a la sala, la Cruz Roja me dijo que no contara con ellos porque ya estábamos denegados y no éramos solicitantes de asilo. Eran ya las ocho, con el niño con fiebre y sin darle el paracetamol. No le dieron ni la primera dosis. Y tenía treinta y ocho y medio de fiebre.

Nos sacaron a las ocho y media. No nos dio tiempo de nada. Nos tocó empaquetar todo corriendo. La opción era que nos quedáramos a dormir en el aeropuerto, pero no queríamos estar ni un día más allí. Seguíamos con miedo. Con el niño en los brazos y cuatro morrales donde teníamos todas nuestras cosas, salimos. No teníamos dinero. Nuestra intención de pedir el asilo en el aeropuerto era para conseguir asistencia médica y ayuda. No fue así. No teníamos derecho a nada. Dormimos en un parque. Era el solsticio de invierno. Un frío horrible.

En el aeropuerto nos agotaron psicológicamente. No dormíamos, una ansiedad terrible. Se le pierde sentido a todo. Yo le dije a mi marido que tenía mucho miedo. «Ni los mires, que no te vean, que parezca que no existimos», dijo él. El niño acabó con terrores nocturnos. No duerme, se levanta a medianoche a llorar. Es una cárcel. Uno se siente indefenso. Tratas de no moverte, no decir nada.

MIRIAM

Él era muy posesivo y celoso, y no lo aguanté mucho tiempo. Yo era la que trabajaba y la dueña del piso. Le dije que se fuera de mi casa. Me respondió: muy bien. Ni siquiera hubo discusión. Yo fui al baño y me senté en el inodoro. Se suponía que él iba a empezar a recoger sus cosas de mi casa, pero sonó un estampido en la puerta del baño y en medio segundo yo tenía un puñal completamente dentro del pecho, en la parte de arriba del estómago. No tuve tiempo a reaccionar, a defenderme, ni a darme cuenta de que me estaba asesinando.

Ahí comenzó la tortura. Me miraba sentado, con el arma en una mano y un cigarrillo en la otra, mientras me desangraba, diciéndome que esto era lo que yo me merecía porque lo quería dejar, que no lo iba a permitir porque yo era de su propiedad.

Entre la primera puñalada y la siguiente pasaron cuarenta minutos. En total estuvo casi cuatro horas. La segunda vez lo hizo en la parte superior del abdomen. Lo tenía todo premeditado, había buscado cómo dar puñaladas certeras, para arrebatarme la vida. No para hacer daño, sino para matar. Se me salían los intestinos. Cuando clavaba el puñal, lo movía. Me destrozó hasta el hígado, el bazo, el duodeno, los intestinos.

Amenazó con hacerle lo mismo a mi hijo, cuando volviera del colegio, si no le daba las claves de mi tarjeta, las llaves del coche. Yo ya sabía que estaba muerta. Le pedí que me dejara morir en mi cama, que me ayudara a llegar allí. Él aceptó. Enfrente tenía un balcón donde se veía un árbol muy bonito, muy frondoso. Estaba florecido. Entonces él se puso detrás de mí. Yo pensé que me iba a coger por los brazos para incorporarme, pero me cogió por el pelo y me degolló. Se cercioró de que estaba muerta, me dio patadas. Se fue y me dejó encerrada en ese tercer piso, sin móvil. Yo estaba exhausta después de tantas horas. Luchando, sin sangre, con varias heridas. Ya no podía más. Ese fue mi asesinato.

Pero viví por la amenaza de que iba a volver para matar de la misma manera a mi hijo, que llegaría del colegio y se encontraría él solo con el cadáver de su madre, tirada en un pasillo, desangrada, sin la más mínima oportunidad de defenderse del asesino. Entonces mi prioridad fue alcanzar la calle y dar la voz de alarma para que lo protegieran. Me arrastré, me estiré para abrir la puerta, rodé por las escaleras hasta llegar a la calle, donde me socorrieron unos hombres que trabajaban en la limpieza. Pedí que protegieran a mi hijo y me desmayé.

Al día siguiente comenzó otro infierno. Estuve un mes y medio en el hospital, la mayoría del tiempo inconsciente. Varios de mis órganos internos requirieron reconstrucción, continuas transfusiones de sangre y plasma. Tengo pendientes más operaciones. Sufro ataques de pánico que siempre empiezan en el baño. No puedo ni amarrarme los zapatos yo sola y necesito una faja para sostener mis intestinos.

Sufrí luego el abandono institucional del Estado, que es otro tipo de violencia. Yo primero tuve que sobrevivir a mi propio asesinato y ahora sobrevivo a la Administración. Te deniegan y vulneran tus derechos sistemáticamente, una y otra vez, a pesar del auto judicial y el informe clínico. Y es un proceso que se alarga años en los juzgados, aunque sabes que te darán la razón. Mientras tanto tienes que pagar tu casa y los servicios básicos, y darle de comer a tu hijo, que es menor. Es otra película de terror que tengo que vivir después de la primera.

Si con suerte sobrevives, te esperan un montón de deudas. Durante ese tiempo de recuperación nunca me inscribieron para recibir ayudas inmediatas. Reclamé y la trabajadora social me respondió que ya lo verían, si yo salía del hospital. Yo llevaba mi propio negocio, de alquiler de pisos turísticos que había comprado. Tenía hipotecas. Me arruiné al no poder pagarlas. Tampoco me reconocieron ningún grado de discapacidad.

Ahora vivo con mi madre, que nos cuida a mí y a mi hijo. Pero los primeros errores trajeron más errores y otro tipo de ayuda puntual también me ha sido denegada. Había informes obligatorios que tendría que haber hecho la trabajadora social y no hizo. Tampoco ha ayudado en nada el Defensor del Pueblo.

Yo como porque mi madre me da de comer y sigue pagando la hipoteca de mi casa. Ahora estudio Derecho porque la primera abogada de oficio que me tocó ni siquiera preparó mi caso con el agravante de género. Me he sentido totalmente abandonada y desprotegida a mi suerte. Esto es un sálvese quien pueda por funcionarios que cobran de nuestros impuestos mensualmente. Es de locos. Mi asesino [apresado al día siguiente y condenado a prisión] tiene cama, techo, comedor y gimnasio, porque es un ser humano. Yo me pregunto: y yo, ¿qué soy? Yo, a la que el banco le va a quitar la casa, que no puedo trabajar y no recibo ayuda económica, ¿qué soy?

Saïda

En el último vídeo de móvil que me envió mi hijo, Flyes, me anunciaba que ya salía del puerto. No venía en una patera, no. Venía en una lancha grande, con poca gente, con un buen motor. Yo vivía en Torrent [Valencia], calculé las horas que se demoraría en llegar y viajé a Almería a esperarlo. Él me llamó a las nueve y media de la noche. Era el 16 de enero. Me dijo que atracaría en playa calva y que eran dieciséis pasajeros. Fue la última vez que escuché su voz.

Tres días esperé su llegada. Visité los hospitales y los albergues. En un calabozo, un policía me llevó hasta uno de los detenidos, también recién desembarcado, que podía ser mi hijo. Pero no era él. Casi me caí, el policía me abrazó y me consoló. Nadie sabía qué había ocurrido con ese bote. Han pasado diez meses.

Mi corazón me dice que mi hijo no está muerto. Siempre lo sueño. Tiene veintidós años. Viene con un ramo de flores y me dice: mamá, toma.

Después de Almería me fui a Cartagena y luego a Murcia. Tenía la esperanza de encontrarlo. Con el tiempo lo busqué también en la morgue. No estaba. Tengo sus fotos en el teléfono. Le vi seis meses antes de que subiera a esa lancha.

Llegué hace quince años a España. Me fui para buscarme la vida. Allá no permiten que las mujeres trabajemos solas. A mi hijo Flyes lo dejé en Argelia con su abuela. Yo emigré por tierra, atravesé Marruecos, me quedé dos años en Melilla. Me enviaron a un hogar de acogida. Me quedé allí un día y me fui. Tuve otra hija, me dieron la residencia española y crucé la frontera. Trabajé en casas y cada dos meses enviaba doscientos euros a mi madre. Hice mi vida con una nueva pareja. Hace unos años me diagnosticaron cáncer.

Mi hijo quiso venir en cuanto supo de mi enfermedad. Se ofreció a ayudarme, vendría a trabajar en el campo. Es muy bueno. Nadie quiere matar a su hijo. Él venía a ayudarme. Nunca me pidió dinero. No venía solo. Venía con su prometida, Fátima, que tiene dieciocho años. Vivimos o morimos juntos, le dijo ella. Ambos habían ahorrado para pagar el viaje por mar, desde Argelia. Yo le compré un traje para su boda. Lo tengo guardado.

Estoy segura de que llegaron y los separaron, porque a las mujeres las llevan a otro centro. Me han dicho que lo busque en Madrid. No quiero descansar hasta encontrarlo. Su móvil funciona todavía. Cada vez que puedo, recargo el mío y lo llamo. Si estuviera en el fondo del mar, el móvil no repicaría. Pero nunca contesta.

Tengo otros tres hijos pequeños que viven conmigo en Torrent. Pero voy a la costa cada vez que escucho que ha llegado una patera.

No puedo comer pescado, ¿y si se está comiendo a mi hijo? No puedo dormir; estoy perdiendo la esperanza. Necesito saber si está vivo o muerto para no seguir esperando en la puerta.

ISMAEL

Cada noche, cuando estoy a punto de dormirme, revivo los segundos en los que mato a mi padre. Es muy crudo decirlo así, pero te acostumbras a ver cómo matas a tu padre. Poco a poco lo voy gestionando. Es una sensación que durante mucho tiempo me ha tenido muy agobiado, cuesta mucho, es como un estrés postraumático.

¿Evito apuñalarlo en mi mente? No, no puedo pararlo. Llego, lo veo y ya está. No es como lo pintan en las películas, todo súper claro. Son fotogramas sueltos que recuerdas. A veces me asaltan en cualquier momento, pero suelen darse cuando estoy tranquilo. A punto de irme a dormir me vienen más.

Aún hoy me cuesta pensar en mi padre, no he cerrado el duelo. Las pocas veces que me derrumbo es por este tema. Los últimos meses de vida de mi padre, él estuvo fatal, nunca lo había visto llorar tanto ni pasarlo tan mal por mi causa. En ese momento me metieron en la cabeza que él me estaba haciendo chantaje emocional, que me manipulaba, y a posteriori me di cuenta de todo lo que sufría.

Yo no sé si me podré perdonar algún día. Si lo consigo, seré libre realmente. Lo que me ata a ese perdón es la culpa, que siempre va a estar ahí, es tóxico, no hace nada útil. Tal vez podré reducirla al máximo, para que no me afecte y tener una vida normal. Desde el primer día me perdonó mi familia. Ha ido entendiendo que lo que ha pasado se debe a la enfermedad.

Lo que importa de verdad es la responsabilidad, que no vuelva a pasar y ser consecuente con tus actos. Al final, tú has clavado el cuchillo y eso no puede volver a suceder. Es lo primordial.

Sí, revivo a diario lo que ocurrió. Llega un momento en que te acostumbras. No te afecta tanto. En esas imágenes siguen las emociones, pero no tan potentes. En los momentos de ansiedad, se intensifican. Pero aprendes a controlarlas. En mi vida, mi historia fue un punto de inflexión. Todo esto me ha cambiado en todos los sentidos, la manera de ver las cosas y la forma de pensar ciertos temas, pero la esencia del que yo era antes se mantiene. Los mismos valores de mi juventud. Pero más maduro.

Fue un brote psicótico, eso lo tengo asumido. Yo sé cómo soy. Puede que no vuelva a sufrirlo nunca más, pero hay incertidumbre. Puede haber más afectaciones y hay que tejer una red de protección. La enfermedad no me limita en mi día a día, con una medicación me mantengo siempre estable. La enfermedad me ha hecho ver el mundo de otra manera. Eres de una forma y pasas a ser de otra distinta, por una descompensación en tu cabeza o por cuestiones ambientales.

Mi historia se puede dividir de dos formas. Antes del momento en que maté a mi padre y después, cuando comienzo el tratamiento y empieza la responsabilidad. Porque yo no era consciente de lo que me sucedió.

Yo he dudado de mi enfermedad mental, de si realmente la tengo. Le pregunté a mi abogada: ¿cómo sabes que yo tuve una psicosis?, y me respondió que por el *modus operandi*, por cómo cometí el delito. A los esquizofrénicos les llaman los asesinos desorganizados, enseguida confiesan. Mientras que un psicópata es organizado. Por eso todo encaja con un brote psicótico.

Yo creía que tenía mujer e hijos. Que no existiesen es la parte que me fue fácil de asimilar, comparado con recuperar a los amigos y a la familia, lo real, lo que realmente pesa. Nunca sospeché que mi mujer no era real, que otra persona se hacía pasar por ella. Yo iba a su casa, me presentaba en los sitios que ella me decía. Nunca la vi. Siempre pasaba algo para no encontrarnos, pero las explicaciones que me daba me las creía. Ya no pienso en esa mujer.

Nunca quedará claro cuándo empezó la enfermedad y qué tanto influyó la manipulación que sufrí. Llegó un momento en que la muerte era el día a día: se han cargado a uno, han secuestrado a otro... para mí se convirtió en algo habitual. Era la manera de funcionar del mundo que no vemos a simple vista. Era frenético, dedicaba mi vida a la protección de mi familia y al grupo [paramilitar al que creía pertenecer].

Percibía una amenaza [del padre] y actué en defensa propia. Me vi entre la espada y la pared. Lo hice por supervivencia. Es importante que la gente entienda. Yo fui engañado y manipulado. Era la locura, la mafia, la acción... era todo lo que pasó en mi cabeza hasta matar a mi padre. En ese momento yo no sentía que me estaban manipulando, sino que la persona que me manipulaba era mi aliada y me decía cosas que eran buenas para mí y para proteger a mi familia [la mujer y los hijos irreales].

Cuando hablé por primera vez con mi abogada, después de meses de ayuda psiquiátrica en los que comencé a entender que había algo que no cuadraba, le pregunté: ¿mi mujer y mis hijos existen? Ella me respondió: no, no existen, y ahí cayeron las fichas de dominó que habíamos puesto los meses anteriores. En el momento en que yo soy consciente de que ellos no existen y de que todo había sido provocado por alguien que se hizo pasar por ellos, me doy cuenta de que viví una farsa y de que mi padre era inocente. Esa fue una de las partes que más me costó gestionar. En ese momento es un *shock*, un colapso de emociones y vivencias que te vienen de golpe. Le dije a mi psicóloga, que estaba a mi lado: es que no sé si tengo ganas de llorar o de pegarle un puñetazo a la pared. No sé si estoy enfadado, no sé cómo estoy. Me dijo que había mucho trabajo por delante.

En el momento en que hablé con la policía no confesé por arrepentimiento. Lo hice por alivio. Al principio no quería hacerlo, pero era la única solución que le veía al problema. Al final la gente asocia la psicosis con la violencia. No es así. Somos una minoría los que hemos hecho daño en un brote psicótico.

Primero asimilas que ni tu mujer ni tus hijos existen y entiendes que no tenía sentido nada de aquello. Mis padres decían que era un espejismo, y esa es la mejor manera de definirlo. Y después supe que había matado a mi padre. Él era mi persona más íntima, con la que yo tenía una relación emocional. Luego empieza la concienciación, la culpa. Tardé meses en ser consciente de lo sucedido.

Mucha gente que padece una enfermedad mental o ha sido manipulada lo primero que siente es vergüenza. Yo también la sentí al principio, porque me habían engañado, porque tenía una enfermedad mental, por la culpa.

Pero si me callo ahora, va a seguir ocurriendo y siendo tabú. Me interesa que la gente conozca más sobre la psicosis y los engaños que pueden darse en internet. Mi experiencia es la de alguien que podría ser tu hermano o tu vecino. Yo era una persona normal. ¿Cómo puede trastornarse todo tanto hasta el punto de matar a un familiar, ya sea por una manipulación o por un brote psicótico?

Mi paso por el hospital del centro penitenciario fue una lección de vida. Vi que, frente a una persona mala que me quería joder [la supuesta amiga que se creó varias personalidades en distintos teléfonos para hacerse pasar por diversas personas que no existían con la finalidad de estafarle dinero], hay muchas otras que me han ayudado a levantarme. Si no hubiese caído en las manos de buenos profesionales, mi vida no sería como es ahora. El día que me dieron la libertad fue inesperado, pues no lo supe hasta que me lo dijo la secretaria de la juez. Llevaba tres años ahí metido. Me dije: me voy a la calle y, ahora, ¿qué? Estaba institucionalizado. Tuve que tirar para adelante, como fuera.

Esa persona que me engañó y manipuló me da igual. A veces la he visto por la calle, en un bar o en la acera. Me aparto y ya está. No le voy a dar pie a que intente algo más, a que se haga la víctima. Simplemente voy a evitarla. No le voy a dar más poder sobre mí. Yo no soy rencoroso. La energía que gastaría cabreándome la puedo usar en otras cosas.

Mi vida ahora, dentro de la situación, está bastante normaliza-da. Estoy estudiando, tengo a mis amigos, mi pareja, estoy con mi familia muy a gusto.

Pero vivo en el piso que está quemado, donde maté a mi pa-dre. Arreglarlo cuesta mucho dinero, el seguro no va a pagar y sa-bemos que tenemos que ponerlo nosotros. No reconozco la casa. Ni siquiera las paredes, el armario, el olor de cuando vive una fa-milia. Es como estar en otro sitio.

Antes tenía muchos amigos y ese círculo se ha reducido bas-tante, por la vida misma y porque esta experiencia hace que la gente no se acerque a mí, no tanto por miedo, solo hay una persona que me ha dicho que me teme, sino porque éramos muy jóvenes y la gente va cerrando sus heridas y no quiere reabrirlas, y tienen todo el derecho.

Quiero decirles a las personas que piensan que sabían que algo iba mal y no fueron capaces de ayudarme que no es culpa suya. Si creen que no hicieron algo por no saber cómo, por no atre-verse o por lo que sea, quiero decirles que si vuelven a ver algo pa-recido tengan esa capacidad de actuar y ojalá eviten una desgracia. Si actúan a tiempo, habrá menos repercusiones. Y hay que tener cuidado con las redes sociales, porque no sabes quién está detrás de las pantallas. No somos conscientes de la realidad.

En mi ciudad, nadie me reconoce, es como ser anónimo. Si se habla del caso, les suena, pero nadie conoce mi cara. Tengo muy buenos amigos, pero antes salía con treinta personas y ahora solo con seis. He encontrado a una persona que, además de ser muy afín, no tiene prejuicios hacia la salud mental, la rehabilitación en centros penitenciarios... una relación con las dificultades de todas las parejas, pero nos hablamos mucho. Vamos a la playa y a la montaña juntos. Nada del otro mundo.

A nivel emocional se están removiendo muchas cosas. Hasta ahora era sobrevivir más que vivir. Me estoy quitando de encima las presiones del juicio, del proceso penal o de haber estado en la cárcel. Sale más ansiedad, más dificultades emocionales. He asumido que tuve un brote psicótico. Puede ser que no se repita nunca más, pero vivo con la incertidumbre de la enfermedad, porque no sabes si vas a sufrir una sola afectación en tu vida o habrá nuevas. Yo tomo una medicación que me mantiene estable siempre. Ahora me pesa el estigma de ejercer violencia sobre otra persona hasta el punto de matarla.

Vivo con mi madre y mi hermana, y nuestra relación es más estrecha que nunca. Yo era muy introvertido en mis cosas. Contaba las cosas buenas y las malas me las guardaba solo para mí. Ahora tenemos confianza para explicar lo bueno y lo malo. Ellas cuentan conmigo también para cualquier cosa.

Solo quiero tirar para adelante con mi gente y fuera.

CHEMSEX

Mientras se pinchaba con mefedrona (mefe), I. N. se vio por primera vez en un espejo. Llevaba casi un año fascinado con el *chemsex*, las sesiones de droga y sexo que «están de moda» y que son «como beber agua», dice I. N., que salía de *chill* desde el viernes en la noche y no paraba hasta el domingo en la tarde. Sin comer ni dormir, a base de drogas inyectadas en vena. No son grandes fiestas ni tienen un organizador.

Los que quieren participar en una *chemsex* quedan por aplicaciones como Wapo o Grindr, donde hay palabras clave, como *kolocón, sesión, colk, vicio, slim* y variantes a partir de estos vocablos. Luego, en el chat aparecen términos, como *chill* o *chuches*, para referirse a estas prácticas de sexo químico, según indica un informe del Ministerio de Sanidad. «Lo buscas por redes sociales», reconoce I. N. «Jamás he ido a una discoteca para pincharme. Se buscan palabras clave y hay quien pone un emoticono de caramelito. Quedas con esa persona y quizá buscas a un tercero. Está normalizado. Quedas con alguien para pincharte y pasar una noche o dos en sesiones íntimas. Con el tiempo haces un grupito y conoces a la gente. ¿Te apetece una sesión, un *chill*? Vas conociendo a los que lo hacen y a los que no lo hacen. El vicio es la noche. Hay gente tan guapa y tan joven enganchada al *slam*...».

En las *chemsex* hay varios tipos de drogas, «que te meten el subidón», confiesa I. N., graduado en Arte Dramático, de cuarenta y un años y dedicado a la hostería. «Yo viví más el *slam*, que es pincharte con mefe. No sé de qué está compuesto. Viene en bolsitas, como la *farlopa*, pero más barato. Un gramo, treinta euros.

Comencé esnifando. Veía a los que se pinchaban y decía que yo jamás lo haría así. Pero a los tres meses ya me pinchaba».

La práctica de *chemsex* está asociada a conductas de riesgo. Las *app* facilitan el paso por el abismo. «Para ligar en Wapo, por ejemplo, suelen preguntar, antes de quedar si eres "apelero", es decir, si lo haces a pelo, sin preservativo», sostiene Ángel, un usuario de estas plataformas. «Es el juego de llegar al límite en estas fiestas clandestinas. Está de moda desde hace ya un par de años y va más allá de las reuniones de una noche donde se hacían orgías con *popper* [nitrito de amilo o de isobutilo], cristal o cocaína. Las *chemsex* son un desfase total y ha cambiado mogollón el tema a la hora del sexo con juegos extremos donde no hay límites». Lo ratifica I. N.: «en el *chill* el 90 % no usa preservativos. Es a pelo».

Las drogas más consumidas son el GHB o GBL (gammahidroxibutirato), la cocaína, la mefedrona y la metanfetamina. Son sustancias que desinhiben y estimulan sexualmente para «tener relaciones sexuales por un periodo largo de tiempo [varias horas, varios días]». Se llama *slamming* o *slamsex* cuando se usan vía intravenosa. Algunos estudios de hace varios años indican que un 12 % de la población gay ha participado en *party drugs*, con un perfil joven, de edades entre veinticinco años y treinta y nueve, y altos niveles educativos. Solo hay testimonios: «aprendes a pincharte. El efecto dura media hora o cuarenta y cinco minutos, según la intensidad o el tiempo que lleves. Aunque el mejor efecto es el de la primera vez, mientras llevas droga en el cuerpo sigues cachondo. Lo que te inyectas siempre va acompañado de viagra. El mefe es lo más asequible. Una bolsa te puede durar tres o cuatro pinchazos, lo que usaba yo en una noche. En las primeras pones unos doscientos miligramos en la jeringuilla; en las últimas, trescientos. Se te va el dinero. Hay gente que se ha arruinado por el *slam*». El policonsumo es habitual: con ketamina, éxtasis o MDMA y *popper*.

Uno de los mayores retos frente a las *chemsex* está en romper con el círculo de drogas. «Si ya es difícil salir de las drogas, es más difícil salir de esta conducta», indica David, coordinador del grupo de apoyo Sexo Adictos Anónimos, que fue adicto al *popper*, con inhaladores que le «quemaban la nariz y los dedos del uso». «No son solo las drogas, es el sexo también, que puede ser adictivo. Se empieza con la pornografía, la prostitución... un vacío interno que no acaban de llenar, y ponen en peligro sus vidas con situaciones de riesgo, porque no usan condón. Si a una persona con adicción al sexo, encima le juntas las drogas, es una bomba. En estos casos de *chemsex*, las personas que vienen al grupo dicen que tienen un problema de sexo, pero en realidad es de drogas. Yo pregunto siempre: "cuando tienes ganas de consumir, ¿en qué piensas primero? ¿En las drogas o en el sexo?"».

«Somos yonquis», reconoce I. N. «Había gente que podía quedarse dos horas mirando una pared porque no sabía parar. Otros lo mezclaban con "G" [éxtasis líquido], que son gotitas que echas en el alcohol. Lo más importante en una *chemsex* es la droga. Llega a un punto en que el sexo es secundario. Lo que te hace sentir bien es el pinchazo». Los que están enganchados al *chemsex* «han mezclado dos adicciones», afirma David. «No saben practicar sexo sin drogas y no saben drogarse sin sexo. Necesitan las dos cosas y la adicción va a más».

Dice I. N. que dejó las *chemsex* poco a poco, después de ver su imagen inyectándose mefe, en ese espejo que decoraba una habitación, «por morbo». Comenzó por drogarse solo «con una película porno», porque «no podía dejarlo de golpe. Borré los contactos de los camellos en Wapo, que además te la traen a casa si compras dos bolsas. Por sesenta euros ya venían», mantiene quien llegó a estar con cinco hombres a la vez, aunque «ya tres era demasiado». Perdió «peso muy rápido durante esos meses» y se puso «muy triste. La droga ya empezaba a afectarme al sistema nervioso y lloraba por cualquier cosa después del *chill*». Se alejó de la ciudad, se refugió en el pueblo familiar y ahora respira otro aire.

ANNA

Yo sufrí abusos sexuales por parte de mi padre. Mi primer recuerdo de aquello fue a los tres o cuatro años. A esa edad tuve mi primera herida genital. Pero creo que sucedía antes, porque no quería quedarme nunca a solas con él. Cuando sucedía, intentaba que pasase lo más rápido posible. Cuando eres pequeña no sabes si lo que te hacen ocurre en todos los hogares.

Tengo mis primeras ideas suicidas a los once años, con trastornos de alimentación y de sueño. Me llevaron a un psicólogo que me recordaba a mi padre por sus bigotes. Nada más salir de una sesión, entraba él. Ahí yo no iba a contar nada. El informe decía que tenía un cuadro ansioso depresivo. Me daban medicación, Tranxilium de cinco miligramos. Con catorce años pesaba treinta y nueve kilos.

Mi padre me daba palizas cuando yo decía algo de lo que me hacía. Una vez me desahogué con una compañera de colegio al día siguiente de que pasara. Ella me acompañó a denunciar a la comisaría. Yo ya tenía quince años. Dije que mi padre abusaba de mí. Estuve más de una hora en la sala de espera. No me hicieron caso ni me mandaron a explorar ni nada. Llegaron mi madre y mi abuela paterna. Me cayeron amenazas: si sigues hablando así de tu padre te vas a enterar.

Decidí tirar para adelante, llevar una doble vida, sonreír. Viví en la casa familiar hasta que tuve veintitrés años, porque trabajaba con mi madre. Hasta que él me dio una paliza tal que ingresé en Urgencias. Estuve cuarenta y cinco días en cama. Era 2003. Me fui a Madrid y mantuve el contacto. Me casé dos años después. No le conté nada a mi marido. Por miedo, por vergüenza, para que no pensara que yo era una puta. Él veía cosas raras, que después entendería. Como que nunca dejaba a mi hija a solas con los abuelos. En 2010 le llamé y grabé la llamada. Tú sabes que no fueron solo tocamientos, le dije. Él lo llamaba así, el tema de los tocamientos. Él lo reconoció al teléfono. Hasta entonces no había podido enfrentarme a él. Yo era la loca, la exagerada, la mentirosa. Primero se lo conté a mi marido. Se quedó sin palabras y me abrazó. Luego reuní a la familia. Mi hermano me dijo que tirara la llave al mar, que los trapos sucios se lavan en casa. Pero mi madre me apoyó. Se separó de él unos meses más tarde.

Hubo juicio. La querella la presenté en abril del año siguiente. Él primero reconoció los hechos y después los negó. El caso estuvo a punto de prescribir. Gracias a la grabación demostré que yo no mentía. Lo condenaron a ocho años de prisión. El Supremo ratificó la condena en 2015. Un año antes había sido mi intento de suicidio más reciente. Con la ley del «solo sí es sí» recurrió. Él podía salir libre y yo no tenía ninguna orden de protección. Sufrí una recaída. ¿Qué falló conmigo? Todo el sistema. Mi hermano todavía lo defiende. Creo que él también ha sido víctima de abusos sexuales y calla.

CARLOS

Cuando iba a hacer la primera comunión me advirtió de que no dijera en la confesión nada de lo que hacíamos. Yo tenía siete años y él cincuenta y cinco. Era un pediatra, casado con la prima carnal de mi madre, que estaba muy metido en mi familia. Buscó la manera de ser mi médico para estar más cerca. La mayoría de las veces era en mi propia casa. Comenzó en los años cincuenta.

Era un depredador. Yo supe, al menos, de otro niño de mi edad, al que conocía, que estaba en las mismas circunstancias. Seguro que hubo más. Nunca hubo violencia física, pero cuando no facilitaba contactar con él sí había una cierta amenaza verbal. Por ejemplo, con contárselo a mi madre.

La última vez fue en 1965. Cuando con trece años decidí que aquello no era normal, se lo conté a mi madre. No recuerdo las palabras exactas, pero le dije que ese hombre me tocaba, me chupaba y me penetraba, y me obligaba a chupársela a él y a tocarle. Ella me dio una bofetada y me dijo que de eso no se hablaba. Todavía sigue pensando así la sociedad. Al menos, sirvió para no tener trato con esa persona, aunque siguió viniendo a la casa. Pero yo ni le hablaba. Para eso sí sirvió. Mi padre no llegó a enterarse y murió un mes después. A partir de aquel momento no volví a hablar de eso con nadie. Lo tenía silenciado al resto del mundo y quizá también a mí mismo.

Hasta 2020, cuando leí en un periódico que una asociación de personas que habían sufrido abuso sexual en su infancia organizaba una charla. Contacté con ellos. Con la ayuda mutua he llegado a la conclusión de que los abusos tuvieron muchas consecuencias, como bajo rendimiento escolar, deseos y pensamientos suicidas, problemas sexuales. Me he preocupado muchísimo pensando si yo hubiera podido hacer algo para evitar que pasaran otros lo que yo pasé.

No me gusta hablar de culpa. Los niños también se sienten culpables con los años. Pero el único culpable es el abusador. Es fundamental hablar de esta brutalidad, enseñar en los colegios que nadie puede tocarles sin su permiso. Cuando me ocurrió, yo no sabía absolutamente nada.

Rosa

Yo sufrí abusos desde los cuatro años por parte de mi abuelo materno. Mi primer recuerdo: mis braguitas con sangre. Yo estaba acojonada. Él me amenazaba diciendo que iba a hacer daño a mi padre. Tengo recuerdos sueltos. De su polla. Recuerdo que trataba de meterla pero no me cabía. Con ocho años me despertaba con pesadillas y me acurrucaba con la almohada entre el váter y el bidé, donde me sentía segura. Iba al colegio con energía y motivación, pero por dentro estaba hecha una mierda.

Cuando tenía once años se lo dije a mi madre y a mi abuela, y lloramos juntas. Luego mi padre me dijo que no iba a ver a mi abuelo nunca más. Él, que tenía mi custodia, se asesoró con una psicóloga, que le dijo que el procedimiento judicial era muy duro. Me recomendaron no denunciar. Yo fui a unas sesiones pero me cerré en banda. Aprendí que estaba sola. Me costó mucho pedir ayuda.

Alejaron a mi abuelo de casa. Mi padre siempre creyó que yo olvidaría lo que había pasado pero no me gustaba el contacto físico, tenía mucha ansiedad y pesadillas.

Con quince años me enteré de que yo no era la única víctima. También lo fueron mi madre y mis tías. A la menor incluso la violaba. La sentaba en el asiento delantero de su coche para que se la mamara. Y la trataban como loca. Entonces empecé a odiar a todo el mundo. Me intenté suicidar, dos veces en dos meses, porque estaba viviendo con mi madre en la casa familiar. Aunque mis abuelos ya no estaban allí, el olor me daba asco. Tengo marcas en los brazos. Creí que nunca perdonaría a mi madre, por dejarme a solas con el violador a pesar de haberle pasado a ella. Pero entendí que era otra víctima más. Perdonarla me costó mucho. Cuando lo dije evité que le pasara algo a mis primos más pequeños.

Lo mejor es denunciar. Yo lo hice después, cuando estaba en el segundo año de la universidad. Mi tía me apoyó y me acompañaba a declarar. Pusimos una denuncia conjunta, pero el caso de ella ya había prescrito. Yo tenía veintiún años y fueron dos años de juicio. Con la juez me bloqueé y no pude declarar casi nada, solo llorar. Él estaba allí y lo oía arrancarse los mocos como solía hacer. Él dijo en el juicio que me daba clases de educación sexual. Lo metí en la cárcel, tuvo una pena irrisoria de tres años de prisión, pero con un tercio cumplido ya tenía el tercer grado. Y había un pueblo entero señalándome.

Rafael

Desde los doce o trece años tomé un montón de drogas: alucinógenos, mucha anfetamina; la cocaína no me gustaba mucho, sí la heroína y los porros. Quería evadirme de la realidad. Venía de una familia desestructurada con abusos y alcoholismo. Mi padrastro me pegaba. Mi madre era alcohólica explosiva. Vivíamos en California.

Cuando fumé mi primer porro y vi que estaba ausente de la realidad, me pareció una buena alternativa. Con quince años vino el ácido, después las setas, un calmante para grandes felinos, otro tipo de alucinógenos. Tuve un par de sustos en Estados Unidos, el más relevante en un tren entre San Francisco y Los Ángeles. Iba sobrio pero estaba convencido de que la DEA [agencia antidrogas norteamericana] me perseguía porque yo llevaba droga. Me salí del tren y fui a casa en autostop. Esta fue la primera vez que tuve una alucinación que no podía achacarse a las drogas pero no hice nada, no fui al médico.

En 1996, cuando ya llevaba un año y pico en España se me fue la olla. Estaba en un coche, escuché unas campanas y creí que era un mensaje para mí. Le pedí a la mujer que conducía que parara. Me bajé del coche con mi perro, fui a la iglesia del campanario. Me quité la ropa y entré desnudo a la misa con mi perro. Quise hablar con el párroco, porque yo quería unirme a su iglesia, pero él salió corriendo. Llamó a la policía y fue la primera vez que me ataron. En la ambulancia, en una camilla, me inyectaron. Yo pensaba que me habían juzgado en un juicio sumarísimo y me estaban aplicando la inyección letal. Fue mi primera experiencia atado.

Perdí el conocimiento. Después me desperté en la cama, también atado. Fue mi primer ingreso y ahí diagnosticaron que era bipolar.

A partir de entonces, al principio usaba las drogas psiquiátricas como una droga de recreación más. Tomaba más que asiduamente los ansiolíticos, porque los mezclaba con alcohol, con cerveza. Los puse en la rueda. Me daban un pedo bastante interesante. Los antipsicóticos no me hacían nada y casi nunca los tomaba. El litio tampoco.

Consumí drogas veintisiete años. Intentaba estar pedo todos los días. Yo tenía drogas en la mesilla, me despertaba e inmediatamente las tomaba. En Villaverde Bajo tiré una nevera desde un cuarto piso. No sé por qué. Me daba un apagón. Tomaba una caja de ansiolíticos con cerveza. A veces tenía lagunas. De repente no era consciente de lo que hacía.

Nací en 1964, en Málaga, de madre portuguesa. Nunca he tenido nacionalidad española, aunque a los dos años me trasladé a Madrid a vivir con mi abuela. A los diez fui a Estados Unidos y ahí viví sin papeles veinte años. No hice nada para tener la nacionalidad norteamericana. Del principio de mi vida solo tengo las historias de mi madre, que era alcohólica. Decía que estuve en un orfanato dos años y mi tía abuela española decidió sacarme de allí. Cuando mi madre se casó con un norteamericano, la convenció de que era un buen momento para irme a vivir con ella. Al segundo día de estar con ella allá vi cómo su marido la hostiaba. Cuando la abuela que me crio estaba muy enferma, mi madre y yo volvimos a cuidarla. Duró un año más.

Llegó un momento que ninguna droga me quitaba el dolor existencial. Intenté suicidarme. Me corté las venas en vertical [enseña la cicatriz]. Era muy peleón, peleaba muy bien. En 2004 tomé tres decisiones: dejar de consumir cualquier cosa que cambiara mi estado de ánimo, tomar mi realidad mental en serio y nunca pegar a ninguna persona, animal o cosa. En veinte años no me he drogado ni bebido. He sido profesor de inglés, he trabajado en atención al pasajero en los trenes y de teleoperador con los aeropuertos. Llegué a emplearme sesenta y cuatro horas a la semana.

Yo voy al psiquiatra quince minutos cada tres meses. Clínicamente tengo depresión mayor, trastorno episódico del humor, narcisismo y trastorno bipolar tipo uno. Medicar es la única solución que ofrecen los médicos. Yo sigo tomando mi medicina, pero estoy en proceso de dejarla. Los médicos saben cómo ponerla, pero no tienen ni idea de cómo quitarla. Con un cambio de medicina, con algo nuevo que salió, tuve cuatro crisis en dos años, después de estar seis sin ninguna.

Mi plan es quitarme todas las medicinas. Ya no tomo ansiolíticos ni hipnóticos y los he reemplazado por la meditación. El proceso en el que estoy ahora es para eliminar los antipsicóticos. Cuando reduje mucho la dosis tuve un rebrote. Estuve tres semanas de baja. Quiero dejarla a cero.

He estado en la cárcel, en un centro de desintoxicación y en el psiquiátrico. De los tres, lo peor es el psiquiátrico. Muy de lejos. Si yo cometiera un crimen y me dijeran: te podemos internar en una cárcel o en un psiquiátrico, elegiría la cárcel. En el psiquiátrico no tienes nada de libertad. Hay una cosa, muy pequeña, que me toca los nervios. A la hora de cenar, viene una persona con una libreta a preguntarte cuántas veces has cagado. Eso es más allá de lo que estoy dispuesto a aguantar.

El culmen de la falta de libertad en un psiquiátrico es la contención mecánica. Te atan de pies y de manos y, a veces, de cabeza, en una cama hospitalaria. La violencia psiquiátrica que más he sentido es de parte de los celadores. Las enfermeras y los psiquiatras son los dirigentes, pero el instrumento es el celador. No les han enseñado muy bien cómo lidiar con una persona en crisis. Una vez uno me cogió y otro me pegó puñetazos en las costillas y me produjo una fisura. Simplemente porque no quería irme a dormir. Ellos, por la noche, se hacen unas camitas en el pasillo y duermen casi todo su turno. Pero si hay un loco que les interrumpe cada cinco minutos, no pueden. No todos pero, en general, son bastante violentos. Es peor si eres una mujer loca. Si yo le digo al médico que el celador me pegó, no me cree. A las mujeres que sufren tocamientos o violaciones tampoco les creen. Yo duermo muy mal en el psiquiátrico.

Te atan cuando estás en la calle haciendo lo que sea. Te atan en la planta de psiquiatría. Te atan en urgencias. Si estoy en crisis en la calle, no controlo muy bien. Donde más he estado es en los hospitales 12 de Octubre y Jiménez Díaz [ambos en Madrid].

Depende de la situación, estás consciente. La última vez que me sujetaron estaba totalmente consciente. Me encontraba en Lavapiés y mi novia había roto conmigo. Mis amigos me decían que me veían mal. Fui a la Jiménez Díaz caminando, para calmarme. Llegué, lo dije en Urgencias y me ataron a la cama. Yo no hice nada. No sé por qué me ataron. Será por algo que sale en el ordenador cuando meten mi nombre. Esa es la única solución que se les ocurre. Aquella vez yo no sabía a qué atenerme. Yo ya no vuelvo a ir por mi cuenta. Yo pensaba que un psiquiatra vendría a hablar conmigo, pero me dejaron solo en la habitación. Estuve ingresado, como otras veces, entre ocho y quince días. Te atan, te llenan de químicos y te sueltan.

Yo no tengo miedo porque sé que me van a soltar. Lo máximo que he estado ingresado han sido diecisiete días. He pasado tres días seguidos sujeto. Te dejan comer, te traen comida y te sueltan los brazos. A veces te sueltan un pie, para ver cómo reaccionas. Un día me soltaron la mano, me quité el pañal y meé en el suelo. A mí siempre me han puesto pañal, no te dejan ir al baño. Con cuarenta años, ¿tienes que cagarte encima? Elijo la cárcel mil veces.

Cuando eres un paciente psiquiátrico no tienes ningún derecho. No te van a dejar salir. He intentado salir corriendo, pero hay gente que te coge. Puedes pelear pero vas a perder, porque son más que tú. Es una tortura. Nunca me he sentido menos humano, te sientes otra cosa.

Voy a cumplir sesenta años. Es lo que me ha tocado. De vez en cuando se me va la olla en una crisis maníaca y lo paso de puta madre, es como una película. Me creo cosas. Una vez creí que era un arcángel y tenía que buscar a los demonios en Madrid. Los demonios eran los que tenían mechero. Le iba pidiendo fuego a la gente y, si sacaban un mechero, les decía: oh, demonio. Me lo paso bien hasta que me atan.

Las crisis depresivas son peores. La última pensaba que la mujer con la que vivía era una esposa de Satán que le ponía los cuernos conmigo. Y que iba a venir a por mí. Me salvó ella. Me habló, me ayudó a hacer afirmaciones, cuidó de mí y no tuve que ingresar: se me pasó. Todas son pasajeras. Los locos no están locos todo el tiempo.

Me llamo a mí mismo loco porque cojo lo que es un insulto y me apropio de ello. Lo que menos me gusta que me llamen es enfermo mental, y lo otro es paciente psiquiátrico. No pienso que la locura sea una enfermedad. Se creía que las medicinas acabarían con la enfermedad, pero hay más gente loca que nunca.

WAFA

De repente desperté en el hospital sin ser consciente de lo que estaba pasando, ni saber desde cuándo llevaba allí. Fueron quitando la anestesia y tanta droga y fui despertando poquito a poco, pero no sabía por qué estaba allí. Veía que no podía moverme y sentía algo en el lado derecho de la boca, pero no sabía que tenía la bala alojada allí. Inconscientemente entendía que él tenía algo que ver, pero cuando empezaba a recordar saltaban las alarmas de las máquinas a las que estaba conectada. Siempre preguntaba qué me había pasado y no me decían nada, pero encajé el puzle, encadenando la información. Tenían miedo de mi reacción cuando supiera que él se había suicidado. No dormía de noche, porque sentía una amenaza.

Empecé a escuchar que me iban a operar y cuando pude hablar con la doctora le pregunté si cuando lo hicieran iba a poder moverme. Su mirada nunca se me olvida, con la mirada me lo dijo todo. Respondió que no iba a poder moverme nunca más. Empecé a llorar y a llorar, a pensar lo injusta que es muchas veces la vida. En ese momento te pasa solo lo malo por la cabeza. ¿Por qué yo? ¿Por qué a mí? ¿Qué he hecho yo? Cuando te lo dicen es como si te echaran un jarro de agua fría. Vamos, la vida se me acabó en ese momento. Te preguntas cómo va a ser en adelante, tu vida empieza de cero, en un mundo que no conoces. Y tienes que esperar a que baje la inflamación de la médula para ver qué lesión te queda realmente. Yo no tengo sensibilidad del cuello para abajo. Solo la tengo para el dolor donde penetró la bala, que entró por la cervical y quedó alojada en la mandíbula. No salió.

Mi familia ha estado conmigo al doscientos por cien. Agradezco que me apoyen, porque cuando yo estaba con él los dejé de lado. Me anulaba hasta el punto de dar la espalda a mi familia. También me visitan mis amigas, las únicas, las que quedan, porque esto te va quitando personas y solo las que te quieren realmente se quedan contigo. Salimos bastante al centro de Madrid, que es lo que mejor me pilla. Cuando hay mucha gente, lo peor es esquivar a los que caminan mirando el móvil. Voy en autobús. Soy una superviviente. Él me quiso quitar la vida y yo estoy viviendo la vida a tope.

A él lo dejé por sus amenazas y su maltrato. Siete meses después vino el accidente. Muchas veces no sé ni cómo llamarlo, le digo así, accidente o suceso, para no tener que dar explicaciones, porque hay gente que no entiende. Ven la silla, preguntan por qué y la explicación les choca. Es una situación difícil, al principio es muy duro: ir adaptándote, adaptándote, muy duro.

Estuve un año ingresada en el hospital. Siempre quise ser independiente y decidí no ir a casa de mis padres. Ahora estoy en un centro especializado en lesión medular y tengo mi habitación. Es como mi casa. Cuando me despierto, sigo los horarios. Hay actividades y te levantan con un día programado. Me tienen que hacer sondajes y me pasan a la silla con una grúa. Un viernes, por ejemplo, tenemos rehabilitación a partir de las once de la mañana. Con el móvil y el mando que uso con la vista, veo series y pago en los cajeros. Me gusta ir a conciertos de pop. Los que más me gustan son los de los años ochenta. Viajo. Ha visitado Turquía y Marruecos, sin tener que pedir el permiso de nadie.

No quiero recordar fechas ni nombres. A él lo conocí en el instituto con dieciséis años, él era tres años mayor. Una tarde salimos a tomar algo con mis amigas, me pidió mi número, empezamos a hablar. Fuimos quedando y eso. Yo nunca había tenido pareja y lo dejé todo de lado. Fue tóxico desde el principio y él ejerció el control cuando se asentó la relación. A veces estábamos juntos y después pasaba de mí. Estuve mucho tiempo en un lo tengo, no lo tengo. Me decía que no podía vestirme de una forma y yo no lo hacía, o maquillarme. Me decía que él pensaba lo mejor para mí y yo lo iba absorbiendo mentalmente. Tuve problemas de peso y de sueño. Me casé a los veintidós. Dejé los estudios, comencé a trabajar, primero de cajera y, luego de un curso a distancia, de comercial. Pero me decía que mi trabajo debería ser para él, porque él lo haría mucho mejor. Mi vida era del trabajo a la casa, solo podía ver a mis padres una vez a la semana. Llegaba el viernes y él tenía una excusa para discutir y que yo me quedara ese fin de semana llorando, mientras él no volvía.

Él me decía que yo era lo más importante de su vida, pero, de repente, se volvía una bestia, y entonces lo flipas y te preguntas: ¿cuándo ha pasado todo esto, cómo empezó esta discusión?, y siempre eres tú la culpable. Ya me había ido varias veces y acababa volviendo por las amenazas de muerte, tanto a mí como a mi madre, y luego a mi hermana menor. Siempre decía que si me iba, se mataba y me mataba. Pero nunca le vi un arma en casa.

Una mañana después de haber discutido, me dije que estaba perdiendo mi vida con una persona que no me valoraba, cuando podía vivir perfectamente sin él, porque yo no dependía económicamente de él, sino al revés. Él dependía de mí. Y me fui. Hui a casa de uno de mis tíos. Quería mi independencia. Desde el momento que él no estuvo, empecé a hacer y decidir, fue una liberación emocional. Empecé a vivir realmente. Viví lo que no había vivido con él en años. Pero esa libertad también era miedo, miedo a que me pillara, pues sabía que me estaba buscando.

Esa vez, lo denuncié. Hubo un juicio rápido y lo soltaron. Le pusieron una orden de alejamiento de quinientos metros, que no sirve para nada, es solo un papel. Me dieron un teléfono de ayuda, pero cómo la pides si lo tienes a él delante.

Salía del gimnasio, él iba detrás de mí, empezamos a discutir, me dijo que si no volvía con él me mataba, yo me di la vuelta y le respondí que hiciera lo que quisiera y ahí fue cuando me disparó.

Después de dispararme, huyó en su coche y se disparó en la cabeza. Pero no me lo dijeron hasta mucho después.

Cuando supe que se había suicidado, al principio me sentí culpable. Culpable por algo que no había hecho, porque aún persistía el efecto de su manipulación. Luego lo piensas: yo no pedí que me disparara. A mí me disparó queriendo matarme, consciente de que se iba a suicidar. Yo no tengo la culpa de lo que hizo con su vida. ¿De dónde sacó el arma? ¿Quién le ayudaba a seguirme a mí y a mi madre? Nunca se sabrá porque el caso se cerró. Se demostró que él me disparó y ahí se quedó. Que se aclarara no me iba a devolver la salud, pero sí podía darme la satisfacción de saber si hubo más implicados.

Superé sola la fatalidad. Se te hunde el mundo pero, entre levantarme de la cama o morirme, decidí seguir sin pensar en la lesión. Ahora hago cosas que no hacía cuando me ponía de pie. No le voy a dar el gusto.

Luz

Estuve tres meses con un señor que murió en el hospital. Estuve interna totalmente. No tenía ni un día, ni medio día, ni dos horas libres. Allí comía, allí lavaba, allí me llevaban la comida. Me contrataron las *titas* del señor. No eran las hijas, sino familiares de la esposa, que ya había fallecido. Ellos habían estado en un asilo, era un matrimonio. No tenían hijos. A los dos años de morir su mujer, él empezó con esto y lo otro. Era pensionado y vivía en un barrio obrero. Sacándolo a él del asilo, las sobrinas pusieron el aviso de que necesitaban una persona con experiencia para cuidar al *tito*. Ellas lo querían supuestamente como si fuera de la familia. Y lo que el señor dejó, lo cogieron ellas. No eran jóvenes. Él les firmó un documento para que recibieran el alquiler de su casa, porque con su pensión pagaba sus gastos. Él tenía un problema de diabetes y le salieron unos hematomas.

Una de ellas me contrató. Me pagaba trescientos ochenta euros semanales. Mis condiciones de trabajo fueron de interna todo el tiempo. No podía salir del hospital. Nada tenía. Totalmente interna. Iba únicamente al locutorio, a veces.

Lo que tenía que hacer con el señor era ayudarlo a ducharse, echarle una mano a la enfermera, darle su medicina y su comida, y estar en la silla a su lado, pendiente de si se quejaba. Una timbraba y llegaban las enfermeras. Decía: tiene mucho dolor, tiene esto. Ellas le colocaban la medicina. Yo estaba veinticuatro horas en la habitación con él.

A ese lugar llevan a la persona que se va a ir ya. Como él, en una habitación solo.

Nadie se preguntaba por mis condiciones de trabajo. Nunca preguntan.

Los primeros días me dio mucho dolor porque una no está enseñada a todo esto. Yo he trabajado en mi país, pero mis ocho horas. Aquí, al estar todo el tiempo en una habitación, me salía a pasear un rato, como los presos al patio, y luego volvía a entrar, llevaba revistas de números y letras, y el móvil.

Siempre dormía en la silla. Con el primer señor, fueron tres meses ahí durmiendo, es horroroso. Una no duerme bien. Las condiciones son difíciles. Dormir medio sentada es una incomodidad. Una se tiene que someter a muchas cosas porque para eso vinimos acá.

Después le trabajé un tiempo a una señora que tenía un esposo que había sido piloto de avión. Él murió. Era interna. Me daban mis dos horas y el domingo me iba a las nueve de la mañana y regresaba a las ocho de la noche, y me pagaban mil euros.

Pero me retiré porque ella estaba un poquito... eso... la comida era pésima. Un huevito para las dos. Me compraba cuatro manzanas para la semana. Horroroso. Tomé fotos, porque con eso uno puede sustentar lo que dice, y fui a Cáritas, que me había recomendado para el trabajo, y ellos llamaron al hijo y le dijeron que esas no eran las condiciones pactadas. Hasta aquí trabaja Luz, me la liquidas, le dijeron. No me salí tanto por el dinero, porque también me pagaban la seguridad social. En eso eran correctos. Lo único es que no pude seguir por la alimentación, porque la señora era muy tacaña.

Para entonces, yo ya tenía permiso de trabajo. En otro empleo me llamaron para hacer unas vacaciones en una familia muy adinerada. Pagaban mil cien euros. Eran desconfiados porque la madre tenía dinero y joyas allí, y no se podía meter a cualquiera. Me recomendaron, me hicieron una entrevista y los hijos, los tres abogados, me dijeron: nuestra madre está en silla de ruedas y usted solo va a picarle la comida y a pasarle las cosas.

Le hacían falta las dos piernitas. Antes de cumplir el mes, tocó hospitalizarla. Yo fui para allí porque su esposo tenía ya ochenta y un años y ella, setenta y nueve. Yo, que ahora tengo sesenta y nueve años, iba allí para ayudarla a limpiar, le daba comidita, medicamentos, todo eso. Volvió la muchacha que estaba de vacaciones y, como ella tenía que descansar las dos horas, yo iba para quedarme ese tiempo con la señora.

Me dijeron que la chica se quería marchar y yo les pedí que me avisaran. La familia tenía dos empleadas. La de casa y la que estaba únicamente con la señora.

Pero encontré un cuarto trabajo, con una señora también muy querida, que se había partido la cadera, con noventa y tantos años. Era asombrosa, sin una arruga, con sus tacones. Y se cayó saliendo del supermercado. Me contrataron a mí. Tenía a su hija en la casa. Todos muy amañados conmigo porque, cuando la señora estaba un poquito dormida, yo me iba a ayudar: a fregar, a limpiar, a recogerles la ropa. Una se gana a las personas y ellos muy contentos me empacaban el almuercito, porque yo salía a las dos de la tarde y su esposo es el que hacía para comer.

Trabajando ahí me volvieron a llamar los anteriores, que me pagaban más. Yo ya le había cogido mucho cariño y amor a Merceditas. Para cualquier persona que le faltan sus miembros es muy duro. Y estaba muy atenta a ella. Me dijeron que me necesitaban, que por favor. Les expliqué que yo ya estaba trabajando y me dijeron que me pagaban un poco más porque era la madre la que me quería a mí, porque yo era muy cariñosa. Pues renuncié con una mentirita piadosa, que es lo que paga una en la vida, y me fui. Fue una falta de seriedad mía.

Me convencieron y le renuncié a la señora y me vine con ellos. Allí todo muy bien. Excelente. Hasta que a su esposo, que estaba pendiente de ella, le dije: «Manuel, ¿me ayuda a echar una manita para yo cogerla de la silla a la cama? La silla estaba vieja y yo ya les había dicho a todos ellos que, tan adinerados como eran, compraran una silla buena, que esa no estaba en condiciones. No tenía un seguro bueno para poderla movilizar. Me contestaron que no había dinero. Genta tan podrida en plata, no sé... Tenían cajas de zapatos llenas de billetes, joyas, de todo.

Estaba pasando a la señora a la cama cuando se soltó y cayó al suelo. Me asusté mucho y moví la silla con la pierna y yo sentí el dolor, crack. Un dolor muy fuerte. Me fui al médico a Urgencias y me dijo que era un desgarre muscular. Aguanté diez días más trabajando de esa manera. Y era una fractura de cadera.

El hijo me dijo que me daba la paga de los quince días que había trabajado y que ya no me podía tener más allí: una persona así no me sirve; deme las llaves, saque sus cosas. Yo le respondí que no pensaba que me iba a botar así de esa manera, sabiendo que yo me hice esto por no dejar caer a su madre al piso, porque se iba a dañar más sus piernas. Pero no pasa nada, le dije.

Yo duermo en una habitación que me pago yo. Porque si no hubiese tenido una habitación, ¿qué hubiera sido de mi vida? Me hubiera tocado dormir en un parque. Ese día me fui para casa muy triste. Cuando yo solita ahí me fui al baño, se me resbaló la muleta y me caí. Lloraba, gritaba, no me podía movilizar de ninguna manera. Lo recuerdo y me da mucha tristeza. Grité auxilio y nada. Para yo poder abrir esa puerta me fui arrastrando y cada vez que me arrastraba era un grito. Gritaba y lloraba. Pensé que era el fin de mi vida. Lo recuerdo y lloro.

Pude llegar a la habitación a rastras y cada vez que me movía sentía que me estaba descuadrando toda. Llamé a un amigo para que me ayudara. Él llamó a la ambulancia, me colocaron medicina en la vena. El médico dijo que había que operar. Me tocó solita también y viví de la caridad de las personas que me traían la comidita.

Ahora estoy trabajando con otra señora. Me han tocado unos chicharrones muy buenos. Llevo ya veintiocho meses. Cuando me contrataron ella se valía por sí misma y yo la ayudaba a ponerle cuidado en el baño, echarle una manita, vestirla, ponerle sus cremas, prepararle su desayuno y darle los medicamentos. Pero hace cuatro meses se fue totalmente a la cama. Todo estaba bien hasta que ella cayó.

Ella no tiene hijos, sino dos sobrinos. El hermano murió hace poco. Ellos me pagan ochocientos euros, menos que cuando empecé. Me dan cincuenta euros por sábado, a las cuatro de la tarde que salgo, y entro el domingo a las ocho. Nunca me han pagado un festivo ni lo he librado. Me llenaron con mentiras, que me iban a ir subiendo... No he tenido unas vacaciones. No he tenido absolutamente nada.

Como yo estoy terminando una casa que tengo en Colombia, aguanto. Hago la casa porque algo me tiene que quedar de lo que me he esforzado acá. Pero he visto que están abusando mucho conmigo. A los sobrinos les reclamé que me habían entregado toda la responsabilidad de ella y que ellos últimamente no estaban pendientes. Los médicos hablan conmigo, yo la llevo y la traigo. Les pido que vengan y ellos me dicen que ya vienen, y aparecen a las ocho de la noche o a la hora que ellos quieren. Se quedan hasta las dos de la mañana, pero luego a las tres yo tengo que correr a llevarla al hospital otra vez. Les dije que me liquidaran, que se estaban pasando, que me iba. Porque ellos me entregaron como si yo fuera la hija de Obdulia y yo soy simplemente la cuidadora. Me dan solo ocho euros para desayuno, almuerzo, merienda y cena. No alcanza para nada. Me toca comprar un litro de agua y manzanas para comer por la noche.

Hay una parte de esclavitud. Como somos emigrantes, vivimos injusticias. Lo digo personalmente mío: lo que me ha tocado, aunque no todo, ha sido una injusticia. Yo vine a cuidar con amor y cariño, y me pregunto cuál es el problema. Esa es mi vida. Eso es todo. Aquí estoy. Gracias a dios. Mire la hora que es y nadie viene a decirme: Luz, vaya a descansar un ratico, vaya a dar una vuelta. Es lo que yo digo. Pero, mira, la necesidad tiene cara de perro.

M. J. R.

El día de mi quinto cumpleaños, mi madre me preguntó si yo veía ángeles en el espejo de enfrente. Le respondí que sí. Fue la primera mentira que dije en mi vida. Ella estaba delirando. Era alcohólica. Se lo dije porque vi que estaba muy mal. Después, ella murió. Yo me tiré todo el día con ella muerta. Mi padre había salido a trabajar. Era afilador y vendía cosas. Nos dejaba encerradas porque mi madre se daba a estar con hombres cuando él se iba.

Ese día estuve con ella, le abrí y le cerré los párpados unas cuantas veces, y jugué con ella muerta. No sabes lo que es la muerte con cinco años. Me quedé dormida. Mi padre volvió, se asustó, llamó a los vecinos. Yo me desperté. Mientras él fue a hacer el papeleo de la defunción, me cogieron unos vecinos y me llevaron a otra casa. Ella murió por encharcamiento de los pulmones. A mi padre lo denunciaron por malos tratos y perdió mi guardia y custodia. Lo acusaron de muchas cosas.

Él era mayor, tenía setenta años. Le llevaba casi treinta a mi madre. No tenía cultura, solo estudió hasta los nueve años, y cuando se enteró de que yo estaba tutelada, se le fue la cabeza. Se metió en un juicio. Para negar, por ejemplo, que yo iba desnuda llevó dos maletas con mi ropa y las abrió ahí. Él nunca me maltrató. Nunca. Mi madre sí. Me pegaba palizas a diario. Con tres años me mandaba a comprarle vino, sola, todavía con pañal. Si se me caía una botella, me pegaba. Era en Trobajo del Camino, un pueblo de León.

Mi padre perdió los derechos sobre mí y yo era una niña directa a la adopción. Ya se me había propuesto una familia. Pero él se movió y lo impidió. Tenía todo en contra pero consiguió sacarme los sábados y domingos unas horas. Me recogía a las diez de la mañana y volvía a las diez de la noche. Íbamos al parque y al bar a ver películas, porque no había tele en casa, y me llevó al teatro. Lo hicimos todos los fines de semana durante los trece años que estuve en lo que llamaban una casa de familia. Eran monjas del centro de León y el trato no era el de una familia ni mucho menos. Nos llamaban perdedoras. La mayoría suspendía en el colegio. Yo conseguí remontar y saqué el graduado.

Se llaman hogares pero no lo son, al menos en mi caso. El trato era muy duro, un maltrato verbal constante y también nos pegaban, por cualquier cosa. Lo primero era cortarnos la melena a lo chico. Parece una tontería pero es algo traumático.

Mi padre tenía ochenta y tres años cuando salí de allí. Entonces me di cuenta de que mi papá era viejo. Lo encontré muy deteriorado y se me vino el mundo encima. Tenía demencia senil y síndrome de Diógenes. Sí se le notaba, pero yo no lo quería notar. Era la única persona que me quería y me protegía. Siempre lo vi duro. Si tenía que pelear por algo, peleaba, y nunca se dejaba caer.

A los diecinueve años quedé embarazada de mi novio, al que conocí cuando yo tenía dieciséis. Nos casamos por la Iglesia, en 1995. Arreglamos una casa de mis suegros en un pueblo de cuatro casitas. Yo, a pesar de todo lo que había vivido, no era una persona madura. Pero aquí seguimos y mi hijo tiene ya veintisiete años. Siempre destacó en comportamiento y notas.

Pasó el tiempo y decidimos tener otro hijo. A los cinco meses me dijeron que podía venir muy mal el bebé. Fui a un ginecólogo de pago para que me hiciera una amniocentesis. Perdí al bebé ese mismo día. En Nochebuena llegó el resultado. El niño estaba sanito. A los dos meses de aquello me quedé embarazada de la niña. La tuve pero empecé a descontrolarme. No dormía, se me iba la cabeza, veía cosas que sabía que no eran reales. Estuve mes y medio en psiquiatría del hospital Princesa Sofía y otros tres y medio en el psiquiátrico Santa Isabel. Me diagnosticaron un brote psicótico. Tuve mucho tratamiento, veintitrés pastillas al día. No conseguía hablar ni masticar, se me agarrotaban los músculos. La vida no es como quieres, sino como te viene. No es súper bonita. Es como viene. A los cinco meses me dejaban salir las tardes acompañada por León. Fingí que mejoraba, pero salí más deprimida que cuando entré. En la valoración médica, por mucho que me acojonaran, los miré de frente y mostré una seguridad que realmente no tenía. Y salí. En 2007 volví a casa. La niña era un bebé y el niño tenía doce años. Empezamos con la rutina pero con tantísimo tratamiento me costaba mucho. Hacía de comer y vigilaba a la niña, por instinto. Es mi bebé.

Cuando la niña tenía nueve años, el colegio empezó a quejarse de que no iba bien asesada y llegaba tarde. Ella no tenía normas, nos pegaba. El colegio hizo un informe y lo envió a Protección de Menores [de Castilla y León]. El jefe de Menores, que yo conocía de mi época en los centros de acogida y al que consideraba mi amigo, nos advirtió de que existía esa queja y nos podíamos quedar sin la niña.

Un día a la niña se le olvidó ponerse la camiseta y se fue con la cazadora solamente. Fue el detonante. Buscaron cualquier cosa en nuestra contra, delitos o lo que pudieran usar. No teníamos ni siquiera multas de tráfico. Quisieron ponernos vigilancia [las visitas de una asistente social]. Me negué. A mi hija la ingresaron en un centro de menores a cinco kilómetros de León. Me propusieron el mismo en el que yo estuve y dije que ni loca.

Cuando se la llevaron, en junio de 2017, yo empecé a moverme para recuperarla. Miré abogados que ofrecían la primera consulta gratuita. Llegué a ir a siete. Ellos llamaban para preguntar por el caso. Me deprimí pero quería asegurarme de que la niña estaba bien. La enviaron a una institución de monjas. Era julio y la llevaron a un chalé de Asturias de vacaciones. Nos dieron un teléfono fuera de cobertura. Con un abogado logramos hablar con ella y verla cada quince días. Tardamos mes y medio en que pudiera venir a casa unas horas los fines de semana.

Al año, en junio de 2018, me dijeron que podía traerla a casa. A cambio me pusieron una psicóloga, que venía una vez a la semana durante tres horas, y una asistenta social. Ninguna funcionó y pensé que me la volvían a quitar. Con la psicóloga fue muy mal desde el principio. Nos repelimos las dos. Un día discutimos muchísimo, lo contamos en Menores y la retiraron del programa. Me preguntaron si nos ponían otra y respondí que no. Con la cuidadora, que venía a ver si hacía la comida, si me aseaba, si la casa estaba limpia, estuvimos seis meses. Con la psicóloga, uno. En octubre cerraron el expediente.

Ahora yo temo bastante. Mi hija está en la adolescencia, va a cumplir quince años, y para cualquier cosa que pase mis papeles están allí. Yo tengo un historial, aunque esté cerrado el expediente. Podría ocurrir que volvieran a separarnos. Es traumático y doloroso. Es mi caso, que se repite: me vi reflejada en mi padre. Lo que le echó mi padre hace cuarenta años lo tengo que echar yo. Me vi vencida muchas veces, incluso mal aconsejada por abogados, que me desalentaban. Pero las cosas se consiguen por muy difíciles que estén. Yo lo tenía difícil y pasó un año hasta que me la devolvieron. Todo esto me ha servido para crecer como persona.

Lydia

A mi madre la detuvieron por narcotráfico. Ella y mi padre estaban separados. Nos llevó a mi hermana y a mí a Málaga y después a Guadalajara. Ahí subimos a un coche pequeño y blanco. Los fardos iban debajo de mi culo. Yo no sabía qué era eso. Tenía seis años, era 1988. Hubo un control en la carretera. Nos pararon. Nos metieron a todos juntos en una sala, ahí dormimos y comimos. Al día siguiente a mí y a mi hermana nos mandaron a un centro de monjas, en Madrid. Ahí nos separaron. Ella era un bebé y yo me escapaba para verla. Eso me causó complicaciones.

Cuando localizaron a mi padre, en Galicia, habló con los asistentes sociales. Primero solo nos podía ver los fines de semana en el centro de acogida. No había punto de encuentro ni salíamos a la calle. Fue eterno y no sé cuánto tiempo duró, un año quizá, hasta que pudimos irnos con él a Cambados. Era pescador. Antes fue contrabandista.

Con mi padre vivíamos en una fábrica de hielo y pescados. Una marea roja lo dejó sin trabajo y nos echaron de allí. Mientras estuvimos en la casa no pasábamos hambre. Cuando él se quedó en la calle viviendo, yo entré en un internado de los servicios sociales en Vigo, el Santísima Trinidad, por propia voluntad. Cuando mi padre empezó a trabajar, no me dejaron volver con él.

Me echaron del internado con una compañera. A la calle. La policía nos trasladó a un reformatorio de Pontevedra, el Príncipe Felipe. Yo tenía trece años. Estuve poco tiempo. Al salir, volví con mi madre, que estaba en Madrid. A las dos o tres semanas, ella me abandonó legalmente, renunció a mi custodia. Mi madre también fue niña tutelada, me lo dijo hace muchísimos años. Me tuvo con diecisiete.

Volví al primer centro de monjas en el que había estado, en Madrid. Ese mismo año me trasladaron a otro centro de monjas en Oblatas, Vigo, porque mi padre estaba en Galicia. Él realmente nunca me abandonó. Mi padre desapareció en el mar en 2004. El de Oblatas fue el mejor centro donde he estado, entre 1996 y 1999. Al salir me ayudaron a buscar piso y comencé a trabajar en Alcampo mientras sacaba el cuarto curso de la ESO. Entré en un piso en Villagarcía de Arosa, en 2007, del que me desahuciaron cinco años después. No tenía trabajo, vivía en el coche, comía en Cáritas.

En 2012 me fui a Vizcaya, a Basauri. Conocí a Borja, que tenía treinta y cuatro años y había regresado después de vivir en Valencia. Tenía tres hijos. Estaba separado y tenía orden de alejamiento de su anterior pareja, una mujer que había renunciado a la custodia de los niños. Él llegó a vivir con su hermana pero ella, después de acogerlo, llamó a la policía, cuando él amenazó con suicidarse. Los tres niños fueron declarados en situación de desamparo. Primero los llevaron a Valencia, después, en 2017, de vuelta a Vizcaya, a un centro de menores en Ugao. Borja logró el régimen de visitas. En la tutela, los niños lo pasaron mal. Sobre todo el mayor, de siete años. Llegó con comportamientos destructivos, pero con nosotros siempre se portó bien.

En 2018 el Servicio de Infancia comenzó el plan de reintegración con nosotros. Los recuperamos en diciembre, por reunificación familiar. Borja y yo ya llevábamos un año juntos. En mayo de 2019, me enteré de que estaba embarazada, de alto riesgo, y en noviembre ingresé en la UCI por una triple neumonía [estuvo en el Hospital de Cruces]. Mi hijo nació en diciembre. En enero pedimos la vuelta del psicólogo para el niño mayor y hablamos con los servicios sociales. Fui a visitar a mi madre, que estaba en Cáceres, para presentarle a mi hijo y Borja se quedó con los otros tres niños.

Estaba allá cuando empezó el confinamiento, que tuve que pasar en casa de mi madre. Y nos hundió a todos.

El día del padre de 2020 se llevaron a los niños, en plena cuarentena. No le dieron ningún papel. Él se derrumbó. Nos acusaron de todo. En agosto tuvimos la primera cita con la asistenta social. Pedimos el expediente, contratamos un abogado. Nos amenazaron con dar a los hijos en acogida o adopción. Nos pusieron visitas cada quince días, pero solían cancelarlas.

Él se ahorcó un día que teníamos que visitar a los niños, el 12 de diciembre. Llovía. Yo me quedé en casa y él salió a comprar cuatro cosas que faltaban y a recoger la tarta de la niña que cumplía años. Él subió y yo bajé a tomarme un café rápido. No tardé tanto. Entré en casa, no lo vi, fui a la habitación y le dije a mi bebé: ¿dónde está tu papá? Estaba ahorcado en el pasillo. Cuando encendí al luz, lo vi colgado. Un vecino me ayudó a descolgarlo. Todavía estaba vivo. Le dije que se había olvidado de los niños. Llegaron los servicios de emergencia y no pudieron hacer nada.

He seguido la lucha sola para recuperar a nuestros tres niños. Todo nuestro dinero ahorrado se lo pagamos a un abogado porque teníamos un juicio, que canceló la Diputación de Vizcaya porque no me mencionaba a mí en el proceso. No me dejaban ver a los niños y conseguí visitas a nombre de mi hijo [los servicios sociales solo les dejan estar juntos una hora al mes]. Como es menor puedo ir con él, si no, no me dejarían verlos.

Usan mi expediente en mi contra y me han denegado el acogimiento familiar, a pesar de que tengo varios contratos de trabajo. Mi petición de acogimiento familiar ahora está en los juzgados. Pero el juicio, que iba a ser este mes, lo han pasado a septiembre. Mientras, hago el curso de madre de acogida, que empecé la semana pasada.

MADRE E HIJA

Madre: le conocí cuando yo tenía veinticuatro años. Él tenía treinta, estaba separado, con hijos. Nos presentó una amiga común. Yo estaba embarazada de una pareja anterior, que me abandonó. A él no le importó y me fui a vivir con él. Dos meses después, perdí al bebé y él estuvo conmigo en todo momento. Era un apoyo. Se hizo cargo de todo. Éramos pareja y amigos. Éramos una pareja normal. La primera agresión ocurrió cuando mi hija tenía seis años. Según entré a la casa me dio un bofetón. Me fui con mis hijos a casa de mi madre. A la semana, hablamos y volvimos.

A los dos años de aquello montamos una empresa. Empezábamos a tener una vida resuelta. Pero él comenzó a frecuentar una web de apuestas y su comportamiento empezó a cambiar. Me sujetó del cuello. Mi hija se interpuso entre ambos. Suelta a mi madre, le dijo. No tuve la sensación de que me iba a matar, pero te acongojas. Él vendió todo y nos dejó sin nada. En tres meses se gastó todo el dinero con quien fuese. Volvió, pidió perdón. Le respondí que esa era su casa y ellos, sus hijos, pero que yo no volvería a ser su mujer.

Hija: me dijo que me regalaría una bicicleta. Hasta que un día normal, trató de matar a mi madre.

Madre: él se levantó y fue a la cocina. Oí el ruido de un cajón y de los cuchillos y lo vi venir con uno de carnicero, en alto, hacia mí. Me levanté y reaccioné. Me quitó el teléfono de la mano, lo estampó contra la pared, cogió el fijo sin soltarme y lo tiró contra el suelo. Me dejó incomunicada. Pensé: mis hijos están durmiendo, si se levantan les puede hacer daño. Me agarré a su cuello y le dije: cariño, yo te quiero, perdóname, dame tiempo. A él le dio una crisis nerviosa y cayó al suelo, con una especie de epilepsia. Empezó a darse cabezazos. Qué he hecho, qué he hecho, decía. Tiré el cuchillo detrás del sillón, pedí ayuda. Vino la Guardia Civil, la policía local y los sanitarios. Lo denuncié y al día siguiente lo detuvieron. A las dos de la tarde, salí del juicio rápido, con una orden de alejamiento. Él me esperaba en la puerta de mi casa, para sacar sus pertenencias escoltado por la Guardia Civil del pueblo. Empezó a dar vueltas por la casa, se acercó a donde yo estaba y me pidió una medalla de oro del Real Madrid que me había regalado. Cuando se la di, fue hacia mí y caímos los dos hacia atrás. Cuando me lo quitaron de encima, vimos el cuchillo en la mano.

Me apuñaló y, ya en el suelo, siguió rebanando todo lo que quiso. No sientes nada.

Hija: cuando se la llevaban me dijo: ahora subo a la casa, pórtate bien, está todo bien. Y nunca subió.

Madre: más que dolor era quemazón.

Hija: mi madre me llamaba por teléfono. Repetía: hola... cómo estás... pórtate bien... te quiero.

Madre: mi hija decía que la estábamos engañando.

Hija: la que se ha hecho cargo de todo he sido yo, desde los once años. Mi madre no podía levantarse por la depresión; mi hermano con cuatro y una minusvalía. Cuando él salía de prisión de permiso, yo no salía ni para ir al colegio. Una vez me contactó por Facebook.

Madre: él me seguirá buscando. No importa que haya pasado años en la cárcel, no creo en la reinserción. Cuando salió estábamos en casa de mi madre, que él conocía perfectamente. La solución que me dieron fue que entrara en una casa de acogida, metiera a mi hijo en un centro de menores y que mi hija se buscara la vida. ¡Quitarme a mis hijos, que es lo único que tengo! El problema de la violencia de género es que te matan o te olvidan. No se trata solo del daño físico. ¿Quién sabe el trauma de los hijos? ¿Quién valora mi miedo?

Hija: mi vida pasa de ser normal un día, a que mi madre me espere en la puerta con las maletas y me diga que nos vamos. Ahora no vivimos en la misma casa; mejor dos, separadas, para que una sea la de seguridad, por si pasa algo, y ella o yo podamos ir a donde está la otra... o si viene el agresor, al menos quede alguna viva para hacerse cargo de mi hermano.

En las entrevistas de trabajo tengo que presentar la sentencia solo por ser su hija, pero él no tiene que presentar nada, es más libre que yo.

Desde que pasó todo esto he tenido que escuchar que yo voy a ser una asesina como mi padre. Tampoco sé cómo voy a reaccionar cuando lo vea. Uno de mis mayores miedos no es lo que pueda hacerme él a mí, sino lo que puedo hacerle yo a él: acabar con esto y que todo el mundo viva bien. Pero entonces sería como él. A pesar de todo, somos felices. No quiero querer.

Menuda, con el cabello recogido bajo una gorra y una mochila fucsia en la espalda, A. participa en una manifestación que intenta contrarrestar un mitin del partido de ultraderecha Vox. Tiene diecinueve años y va con la cara descubierta. Acudió a la manifestación convocada por las redes sociales. El mensaje se hizo viral y reunió a más de quinientas personas, la mayoría mujeres. Era una protesta feminista, aunque cerca había un grupo de antifascistas, que habían arrojado piedras a la policía.

Las fotos de los periodistas la captan cuando se sujeta la mandíbula, se inclina y escupe sangre. Con un hilo rojo que escapa de los labios y corre por la barbilla encara a los policías, algo les grita: les pide ayuda, está herida. Una pelota de foam disparada por la Ertzaintza había impactado en su rostro ese sábado por la tarde, cinco minutos después de las 19:00, en la calle del Palacio Euskalduna de Bilbao. En ese momento, no parece saber la gravedad de su lesión, pero tiene una fractura doble en su lado derecho. Sigue allí, de pie. La cara se hincha.

La socorre uno de los agentes de paisano, infiltrado en la manifestación. Ella lo insulta, según sostendrá él en la investigación de la agresión sufrida por A. Una ambulancia la traslada al hospital más cercano, el de Cruces. Requiere una intervención quirúrgica, pero debe esperar dos días para la operación. Mientras se recupera asegura que ella huyó de la carga policial y vio cómo un ertzaina le apuntó a la cabeza. Estaba muy cerca, a menos de diez metros dice. Hay otras dos decenas de heridos, pero no de la gravedad de

A., que requiere una osteosíntesis, según un informe presentado en el juzgado un año después.

Al cabo de unos días de su fractura de mandíbula, A. recibe una multa, de unos doscientos euros, por infringir la Ley de Seguridad Ciudadana o ley mordaza, por haberles dicho hijos de puta a los ertzainas y haberles mostrado el dedo corazón cuando acababa de ser herida. Profirió insultos y gestos obscenos, la acusaron.

A. busca una abogada. Primero el tribunal dicta el sobreseimiento de la causa, pero ella insiste en que hay un delito de lesiones y de omisión de auxilio. Casi dos años después de la lesión, la Audiencia Provincial de Bilbao decide que la «prueba practicada» es «escasa», porque solo le tomaron declaración a ella y a un ertzaina. A nadie más.

Las versiones son opuestas. El agente asegura que había desórdenes y justifica los disparos de objetos contundentes de foam [ya no usan balas de goma, desde que murió un manifestante, siete años antes, al recibir el impacto del proyectil durante los disturbios posteriores a un partido de fútbol] con las lanzaderas de cuarenta y cinco milímetros. «Estaban muy violentas, lanzaban todo tipo de objetos y dos de los agentes resultaron heridos por el impacto de las piedras», dice la sentencia. Ella, no obstante, dice que la «concentración era completamente pacífica», que desde donde ella estaba no se habían lanzado objetos y que dos horas antes de recibir el impacto habían comenzado las detenciones y los disparos de artefactos plásticos. Una investigación interna había eximido a los agentes del Grupo de Reacción 1.

El juzgado exige reiniciar la investigación para esclarecer quién disparó y por qué lo hizo ese 13 de abril de 2019, debido a que las «imágenes y fotografías no despejan esta cuestión». No se ven, por ejemplo, las bengalas que los agentes dicen que los acosaban. «Es precisamente la existencia o no de un riesgo racionalmente grave para la integridad de los agentes o un riesgo igualmente grave para la seguridad ciudadana lo que estimamos que no se ha investigado suficientemente», dice el ponente y pregunta por las tomas de los medios de comunicación, que siguen circulando. «La instrucción se ha dado por concluida de forma precipitada [...] Si en el momento del disparo no existían incidentes en la zona a la que se dirigió el proyectil, se deberá proseguir la investigación».

Ahora, en su rostro A. lleva desde entonces cuatro placas de metal, que fueron necesarias para unir el hueso.

MARICARMEN

Yo era una bebedora social, bebía en Navidades, en las celebraciones... lo normal. Hasta que un día empecé a tomarme un aperitivo antes de las comidas. Bebía una copa de whisky, que me sentaba muy bien. Tenía treinta y cinco años. Ahí empecé a alcoholizarme. Pensaba que había encontrado la solución a mi problema, porque yo era bastante tímida. Empezaron a llegar las primeras borracheras. Entonces, quise dejarlo. Pero llegó el día en que ya no pude parar. Siempre decía lo mismo: hoy solo tomaré una copa. Pero se desataba algo en el cerebro que me impedía parar.

Mi primera borrachera fue en unas Navidades, con once años, tomaba cava. Después, nunca más hasta que de mayor empecé a beber alcohol en las celebraciones, lo que hace todo el mundo. En un bar, una cerveza. A los veinte años, no tenía la compulsión por beber. Me tomaba una. Me sentaba de maravilla. Te ponías alegre y bien. Luego me era imposible dejarlo. No podía parar.

Cuando estás borracho pierdes la noción de la realidad. Una característica del alcohólico activo es que tiene una visión distorsionada de la realidad. Me engañaba, empecé a tener lagunas mentales, no me acordaba de dónde estaba el coche aparcado, por ejemplo. Al día siguiente no sabía con quién había estado o qué había hecho. Me volví muy promiscua. Me venía luego el sentimiento de culpabilidad. Tenía horribles resacas, no me atrevía a salir a la calle, a levantarme de la cama. Pensaba que nunca más volvería a beber.

En esa época tenía problemas comunes de la vida. Beber me hacía olvidar esos problemas. Me sentía fuerte y me cambió la personalidad. Engordé, porque el alcohol tiene muchas calorías. En los análisis me salía el hígado inflamado, que es la antesala de la cirrosis. Mi padre murió alcoholizado con cirrosis. Mi abuela era alcohólica. Tengo dos hermanos alcohólicos. Han muerto todos por causa del alcohol. Son generaciones de alcoholismo. Uno de mis hijos también es alcohólico; el otro, no.

Es imposible parar. Hasta el punto de que te provoca deseos de morir. Yo quería morir. No podía vivir. Un día subí al terrado de mi casa, que tiene siete pisos, y me iba a lanzar al vacío. Pero pensé en mis dos hijos y me retiré de la barandilla. Soy creyente y pedí a mi dios que me ayudara. Al día siguiente salió una mujer de Alcohólicos Anónimos en televisión, que daba el teléfono. Desde el primer día vi que aquel era mi sitio. La gente hablaba con mucha honestidad y con lógica, demostraban mucho cariño unos con otros. Me quedé y paré de beber, hasta el día de hoy.

Me fue difícil. Cuando sentía deseos de beber, llamaba a un compañero. Cuando tenía el tirón de beber, me desmontaban la película. Me decían: cariño, solo por hoy, recuerda la última borrachera que tuviste. Si por la tarde seguían las ganas de beber, daba un puñetazo en la mesa y me decía: durante dos horas no beberé. Solo por hoy. Mañana no sé. Así día a día, semana tras semana, mes a mes. Recordar cómo me encontraba en el terrado de mi casa cuando me iba a lanzar al vacío, me desanimaba a beber.

Cuando paré, empecé a recobrar mi figura, a recuperar la memoria, a tener la conciencia tranquila porque ya no cometía barbaridades, a ser más honesta, a mejorar mi personalidad. El alcohol provoca que la persona sea incapaz de amar. Ni a sí mismo. No siente amor, lo sentimental se endurece.

Yo, ahora, en el presente, que hace treinta y cinco años que no tomo ni siquiera bombones con alcohol. Empezaría y no pararía y estaría donde estaba antes. En estos años sin beber, he pasado muchos dramas, muertes de personas queridas, enfermedades mortales, con una situación económica precaria. Lo he pasado todo sin beber. Porque yo sabía que si bebía, volvería al terrado de mi casa. Me siento vital, tengo ochenta años y camino mucho. Ni los médicos me echan la edad que tengo. La inflamación en el hígado ha desaparecido. He recuperado mi órgano vital.

¿Dónde estaría ahora de seguir bebiendo? Muerta. Hubiera muerto de cirrosis, ataque al corazón o suicidio. He visto morir a muchos compañeros que no han podido parar de beber. Mi hermano es uno de ellos. Yo fui muy afortunada. No tuve recaídas y el síndrome de abstinencia lo vi en mi padre. Murió con *delirium tremens*, veía bichos por todas partes, solo, alcoholizado perdido. Fíjate que a mi hermano y a mi padre el médico les dijo que morirían. Mi hermano le contestó: de algo hay que morir. No quisieron dejar el alcohol por nada del mundo.

IRIS

Mi labor es conocer al interno, analizar las causas del delito y aproximarme a la situación para reducir el riesgo de reincidencia, con abordajes terapéuticos que son mucho más intensos e individualizados en estos casos. Mi trabajo no es juzgar lo que han hecho los condenados a la pena de prisión permanente revisable. Eso es trabajo de un juez.

No se puede establecer un único perfil de estas personas. Al igual que sucede con los delitos violentos en general, las variables que pueden facilitar la aparición de este tipo de delitos son muchas y muy distintas. Nos podemos encontrar internos condenados a esta pena que presentaron abusos de sustancias tóxicas o un trastorno mental grave, y otros en los no se da ninguna de estas dos variables. Su tipología va desde delitos dentro del ámbito familiar hasta la violencia de género, lo que dificulta aún más el establecimiento de rasgos psicológicos comunes.

En estas personas es habitual la justificación y la presencia de diferentes mecanismos de defensa, como la proyección de la responsabilidad hacia la víctima u otras personas, la minimización de los hechos delictivos o incluso la negación. Los intereses, las habilidades sociales y las características de personalidad de estos internos varían bastante de uno a otro. Tienen buena conducta y viven en módulos ordinarios donde conviven con normalidad con internos y profesionales, llevan a cabo tareas de limpieza, participan en actividades de grupo y muestran una resolución adecuada de conflictos.

Otro rasgo es la presencia del sesgo de deseabilidad social: tratan de dar una imagen mucho más favorable de sí mismos. Buscan manipular con un encanto superficial. El hecho de que se trate de delitos tan mediáticos ha generado tensiones en el pasado, que han obligado al alejamiento de estos internos de su entorno de origen. La empatía hacia las víctimas directas ya se encontraba dañada, lo que dificulta la aparición de un remordimiento genuino, si bien esto no imposibilita que en el futuro puedan llegar a desarrollarla. También pueden tener rasgos psicopáticos, una incapacidad empática, ya no solo hacia la víctima, sino, en términos generales, hacia cualquier ser humano.

La mayoría no presenta ningún trastorno mental. A aquellos que sí han sido diagnosticados en algún momento de su vida, las valoraciones periciales no les han encontrado relación de causa efecto entre la enfermedad mental y la comisión del delito. Conservaban sus capacidades cognitivas y volitivas en el momento de la comisión de los hechos delictivos, y se les valoró como plenamente responsables y, por tanto, imputables.

No siempre es fácil que acepten tiempos de cumplimiento tan elevados. Alguno de ellos ha estado incluido en un protocolo para la prevención de suicidios, entre otras cosas, por la falta de expectativas y la percepción de desesperanza hacia el futuro.

La preparación psicológica para su vida en libertad pasa primero por la aceptación de la condena, la asunción de la responsabilidad y la motivación al cambio. Es indispensable el reconocimiento de la responsabilidad delictiva, que asuman la gravedad de los hechos delictivos y entiendan que su estancia en prisión va a ser larga.

ANA

Yo no tenía nada y me fui a vivir con él por la desesperación de no tener dónde dormir. Habíamos empezado una relación desde hacía muy poco tiempo. Él vivía con su tía y yo, en una habitación. Debido a la pandemia se fue a un chalé que tenía en el campo, por un problema con la madre de su hijo. Él siempre era muy majo y atento, y estaba arreglando una moto mía. La primera vez que fui a esa casa me insultó, quiso quitarme el móvil y llegó a darme una patada. Corrí y pedí ayuda a la vecina. Lo denuncié y le pusieron una orden de alejamiento.

A finales de marzo, ya en confinamiento, me convenció para que volviera. Yo no quité la denuncia, pero fui con una bolsita con mudas porque no veía claro que aquello durara. Yo no tenía otra opción. Había perdido el trabajo en el confinamiento. Era camarera, pero sin contrato. No tenía ni para pagar la habitación. Mis hijos viven con una familia de acogida voluntaria. Los dejé allí para que no entraran en desamparo, para que no pasaran hambre, y los veía cuando iban al colegio.

Desde el principio, él con su rollo. Que no me fuera, porque si yo me iba, no volvería, y él tenía miedo a perderme. Se ponía agresivo. Me decía que era una puta. Que si me iba me quemaba la moto. Cosas de acoso y manipulación.

Cinco días después, no sé lo que estábamos haciendo pero era temprano, puso las cadenas en la puerta y con otra cadena me empezó a pegar. No hubo una discusión ni nada. Me pegaba con la cadena, con un mazo de albañilería, con las botas de hierro, con una barra y con una espada medieval. Me dio desde las once de la mañana, más o menos, hasta las diez de la noche.

Puso la música muy alta. Me tenía dentro de un trastero, desnuda y boca abajo. Era del tipo tortura, no de pelea. Como veía que chillaba a veces, me tapó la boca con calcetines, me tiró al suelo, me ató con alambre las manos y los pies. Estuvo con mi teléfono haciendo como si fuera yo. Me amenazaba. Me cogía de los pelos y me daba con la cabeza en el suelo. Solo me decía: con lo que te quiero, te tengo que matar. Yo solo pensaba que no iba a ver más a mis hijos, que de ahí no salía.

Estuvo todo el día haciéndome cosas. Venía y me pegaba y se salía otra vez. Sin pena en ningún momento. Si decía su nombre o lloraba, me respondía que él no quería lágrimas de cocodrilo.

Llegó un momento que no dolían los golpes. Lo que me daba más pena era no volver a ver a mis hijos. Él envió un mensaje de texto de despedida a la mujer que cuidaba a mis dos nenes. Le decía que me iba a suicidar.

En la noche, me dijo que me iba a desatar para que enviara un audio a varias personas que no se creían que los mensajes anteriores fueran míos. Quería que hiciera gestiones para que él se quedara con la moto. Me dijo que me vistiera para meterme en un foso, pero que antes me iba a dar con una porra que tenía con unos clavos para que me desangrara.

Todavía había claridad y había niños por ahí recogiendo caracoles. Si salía desnuda me iban a mirar. Si salía vestida no llamaría la atención. Me dio dos guantazos antes de salir. Él pensaba que yo no me iba a poder escapar porque no podía moverme. Me empecé a vestir y vi la puerta abierta. Me dije: ahora o nunca, y corrí. Pensé que si no me pillaba, me escapaba; y si me pillaba, se acababa la tortura. Salté la valla. Estaba la vecina con las plantas, que ya me había ayudado antes. Abrió la puerta, vio la mordaza colgando, las heridas sangrando de las muñecas, los golpes. Ella le gritó: suéltala, suéltala. Él cambió: cariño, dame un abrazo, vente acá conmigo, me decía. La mujer me metió en su casa. Él le decía que no sabía qué me pasaba, que yo tenía brotes psicóticos. Cuando la vecina vio lo que tenía, golpeada y sangrando, llamó a la Guardia Civil. Se lo llevaron. Estuve tres días en el hospital. Corrí por mis hijos. No tengo ni idea de cómo lo hice.

VICKY

Se celebraba el aniversario de la Constitución y en el Congreso me ofrecieron participar en el vídeo conmemorativo con la lectura de un artículo. Yo elegí el 49, dedicado a las personas con discapacidad. No lo había leído antes, pero sabía que existía. Cuando empecé, me encontré con la palabra *disminuido*. Me sorprendió y terminé de leerlo así, sorprendida. Aquella palabra se me quedó en la mente, porque *disminuido* significa 'que ha perdido fuerzas o aptitudes, o las posee en grado menor a lo normal'. No, el concepto que tengo de mí misma no es el de una persona que posee fuerzas o aptitudes menores de lo normal, como lo define la Real Academia.

Comencé una campaña para quitar la palabra *disminuido* de la Constitución, y sustituirla por «personas con discapacidad». Lo hice de dos formas. Una, a través del contacto con comisiones parlamentarias y, otra, con una recogida de firmas en una plataforma bajo el lema «Soy sorda, no disminuida, aunque lo diga la Constitución».

La diferencia entre una y otra forma de llamarnos es la connotación. Cuando nos llaman disminuidos nos cosifican y deshumanizan. Es como si me llamaran tullida. Yo no soy discapacitada ni soy minusválida (que significa 'menos válida'). Lo único que pasa es que soy sorda. No soy más pequeñita ni tengo menos capacidades que los demás. Soy, primero, persona.

Escribí una carta a una ministra y le dije que el lenguaje contribuye a la normalización y a la inclusión. Difícilmente podemos avanzar en la inclusión y los derechos de las personas con discapacidad cuando nuestra Constitución emplea un término tan negativo, y solicité su reforma con celeridad porque solo requiere tres quintos de cada Cámara.

A mí, a los cuatro años, me pusieron mi primer audífono. Mi madre dice que desde entonces no paré de hablar. Luego, en una escuela solo de chicas, esperaban a un extraterrestre y, cuando llegué, vieron que tan solo era una niña más. Me han llamado persona con capacidades diferentes, un eufemismo para disfrazar la realidad. Se suele confundir discapacidad con incapacidad, pero las personas que tienen lo primero pueden estudiar y trabajar, solo necesitan que el entorno sea accesible.

Cuando compré un lazo magnético por treinta y cinco euros, pude escuchar música por primera vez. Me senté en la plaza Santa Ana, enchufé los dispositivos, puse *The promise* de Michael Nyman, de la película *El piano* y empecé a llorar. Por primera vez escuché la música con nitidez y limpieza. Me di cuenta de que existe tecnología que no se utiliza para la inclusión social. Empecé a entender las barreras que he tenido que superar sin ser consciente, por instinto de supervivencia, en un entorno hostil que no era accesible para mí.

La accesibilidad es un derecho fundamental, refrendado por España ante la ONU. Ahora, la Constitución debe reflejar la evolución del país, en el que hemos pasado de 'inútiles' a personas de pleno derecho. A mí nada me ha impedido ser adulta y tener mi propia vida.

NANI

Yo duermo en el parque, en una cama de cartones. Cruzo los brazos y escondo las manos para proteger el anillo de mi padre y la medalla de mi madre. Son las cosas más queridas que tengo. Es la tercera vez que vivo en la calle. La primera vez me fui con una simple mochila de casa de mi madre, por problemas muy gordos con mi familia.

Estuve por Sol y conocí a un hombre. No sabía que había estado en prisión por asesinato. Sufrí malos tratos. Por una de sus palizas perdí al hijo que tenía en el vientre. Me salió un trabajo en Marbella, para cuidar a una señora mayor, y él se vino conmigo. Ahí también dormíamos en la calle, porque yo no tenía nómina y no te alquilan una habitación en ningún lado. Una mujer que se dedicaba a la prostitución me ayudó a volver a Madrid.

Hice las paces con mi madre. Ella cayó enferma y la cuidé. Cinco años después falleció y yo volví a la situación de calle, porque su pareja me puso una condición para quedarme que no acepté. Tenía que acostarme con él, que tenía ochenta y un años. Le dejé mi perro a una amiga y volví a la calle, pero no al centro, porque me advirtieron de que mi ex estaba por allí. Me fui a un lugar donde no conocía a nadie y la mayoría eran chicos. A ver si me iban a hacer algo, pero muchos se comportaron maravillosamente. Un hombre se puede defender con más fuerza que una mujer. Tienes que dormir en grupo, con otros diez o quince más. Yo me establecí con una persona, aunque me habían advertido de que ponía los cuernos y se ponía en plan agresivo. Rompimos.

Ahora tengo cuarenta años. Abandoné la casa que compartía con él y volví aquí, pero por poco tiempo. Me dije: tiro para adelante hasta que cobre el ingreso mínimo vital y consiga una habitación. De lo malo se sale.

Un día mío comienza caminando a desayunar. Espero el numerito y llevo comida a los demás. El resto del día lo pasamos aquí y en la noche buscamos un lugar donde dormir, con los cartones y mantas que tenemos en los contenedores, ocultos para que no se los lleven. Allí yo puedo ver la falsedad de las personas.

Ahora estoy con otra pareja, que me ayuda muchísimo en el ánimo. Apenas se levanta me llama. Me pregunta por dónde me estoy quedando. En la calle, muchas veces, si podemos, creamos relaciones estables.

Mi miedo más grande es no conseguir salir esta vez y encontrarme con mi primera pareja. Me atacaría para acabar conmigo, por haberme salvado de él. Consiguió mi teléfono y me dijo que ya se encargaría de encontrarme. Tengo mi plan, pero qué me va a pasar si me lo encuentro antes de salir de la calle.

ÓSCAR

Los trece años de cárcel no me destruyeron como estos meses en la calle. He pensado en quitarme la vida, pero no sirvo para hacerme daño a mí mismo. Hace poco se me pasaban cosas muy feas por la cabeza, como coger dos cajitas de Orfidal y un litro de cerveza, e irme.

Llegué aquí, después de separarme de mi pareja, en octubre del año pasado, y comencé a dormir en la calle. Pasé de estar en lo más alto a lo más bajo. Después de tres años juntos, ya no nos llevábamos bien y, antes de ir a los juzgados, me fui. Ella era la dueña de la casa y yo la abandoné. Era diciembre. Esa noche heló, me dio una hipotermia porque no cogí mi chaqueta antes de salir. Me dormí caminando y me asistió el Samur Social. Así fue mi primera noche a la intemperie.

Estoy en lista de espera para recibir los recursos estatales, pero no quiero ir a un albergue. Ya estuve, me quisieron robar, lo impedí y me echaron. Tengo cuarenta y un años. Estuve en prisión desde 2008 hasta 2021. En la calle llevo diez meses. Tengo tres hijos, de doce a veinte años, pero no los veo. Un día mío empieza a las 5:30 de la mañana, cuando pasa el primer tren por el Parque del Oeste.

Duermo en una tienda de campaña al final de uno de sus paseos. Se cuela agua cuando llueve, moja mi ropa y mis zapatos. No son de mi pie. Son más pequeños, del 38. Me robaron la mochila y una maleta con el teléfono, la tarjeta del banco, papeles de estudio, todo. Renové el DNI, pero como no estoy empadronado solo tiene validez por tres meses. Yo sé quién me robó mis cosas pero no pude recuperarlas.

¿Quién es capaz de robar a alguien que no tiene nada? Lo hizo por tres micras. Yo no tengo vicios. El que cae en el alcohol y las drogas, no sale. Pero a veces hay que evadirse. Es un abismo que no se soluciona.

El covid me dejó un enfisema severo. Antes de eso practicaba artes marciales mixtas.

Después del bocadillo del desayuno, algunos días voy a la puerta del Mercadona del barrio donde vivía antes. Mis antiguos vecinos me dan dinero o comida. La vergüenza que paso cuando pido no la he pasado nunca. Hoy me han contratado para un trabajo de construcción. El miércoles tendré dinero para lavar mi ropa.

No me hace falta comida, pero sí mi sitio donde descansar. En la calle no se duerme. Todos los días en tensión. Dormir en el centro es muy malo, está muy cerca de la gente y a la gente se le va la olla.

Yo quisiera tener un cuarto en una pensión para reorganizar mi vida. Aunque cobres algo, no alcanza para pagar una habitación ni para la fianza. Yo prefiero volver a la prisión antes que seguir en la calle. Ahí duermo en una cama, tengo agua y comida caliente.

PETRA

Cuando mi hija crezca quiere ser profesora de educación especial. Ahora está en el instituto. Tiene trece años. Hace dos, sufrió acoso escolar. Un grupo de niñas de su edad le dirigían miradas desafiantes, no le hablaban ni dejaban que le hablaran los demás, la convirtieron en alguien invisible o la insultaban por el color de su piel. Varias frases se quedaron clavadas en su mente: hueles mal, cuatro ojos, inmigrante de mierda, nadie te quiere.

Me empecé a dar cuenta por ciertos comportamientos que comenzó a desarrollar, como insomnio, pesadillas, irritabilidad, no querer ir al colegio, ansiedad... Cuando comenzó a contarme algunas cosas, fui a la escuela y hablé con la directora.

—Mi hija lo está pasando mal —le dije.

—Tu hija tiene que sacar carácter, acostumbrarse —me respondió.

—¿Acostumbrarse a que la llamen negra de mierda?

—No, mujer, ella no es negra. Es marroncita, color chocolate.

Supe que no podía contar con ella y comencé a informarme para hacer algo. Cuando fui al colegio a una tutoría por el protocolo de acoso, las niñas que acosaban a mi hija me vieron llegar y mientras los profesores me prometían tomar medidas, el grupo acorralaba a mi hija y le decía: gilipollas, tonta, te vas a quedar sola, aquí no tienen que venir las madres.

Mi hija no acudió al juicio, afortunadamente no tuvo que declarar. Su testimonio fue validado mediante el peritaje psicológico que le hicieron. En sus propias palabras, que están en la sentencia, dijo:

un día, jugando en el recreo a mamás y papás, me pedí ser la mamá y un niño me dijo que no quería ser el bebé de una inmigrante. Yo le respondí que no era inmigrante, pero me sentí mal. Yo se lo conté a la profe y no le castigaron, solo le dijeron que no lo volviera a hacer. Me molestó. Cuando llegué a la casa, me puse a llorar.

El acoso iba a más y en junio logramos que se activara el protocolo otra vez. Pero no había interés en que se descubriera un problema de convivencia muy serio en el centro. No fuimos los únicos. Y siguió en el siguiente curso. Aléjate, no nos caes bien, le decían. La cambiamos de colegio e iniciamos una campaña contra la discriminación en las aulas: suspenso al racismo. Queremos cambiar mentes, que la Administración asuma su responsabilidad para proteger a nuestros hijos y que puedan educarse sin necesidad de vivir estas situaciones tan terribles. Se tienen que exigir responsabilidades y modificar los protocolos.

Mi hija desarrolló una negación del color de su piel. Ella decía: me pasa esto por no ser rubia de ojos azules. En un nuevo colegio, mi hija resurgió. Está en terapia, tiene pesadillas. Sus acosadoras no fueron reeducadas y se las encuentra en el barrio donde vivimos. En mi hija las secuelas están muy marcadas, pero canaliza lo que vivió, convirtiéndolo en algo positivo.

Infame

Suena el timbre de la casa nueva. El tío, Patrick N., que vivía antes con la familia, llega con dos pizzas. Hacía varios días que no lo veían. La madre, Janaina, de treinta y nueve años, lo deja entrar. Traspasan juntos el recibidor hasta la cocina. La casa es el típico chalet de las afueras de Madrid, sin encanto pero con espacio. En la amplia cocina caben la mesa y las sillas para comer a diario. Un mobiliario usual, en forma de L, con armarios arriba de la encimera. Ella saca platos, cubiertos, servilletas. Charlan. De cualquier cosa. Es hora de comer y hay un invitado inesperado, el pariente amable del que, sin embargo, desconfía la madre. Ella llama y busca a sus hijos, David y María Carolina, de uno y cuatro años. Los cuatro, alrededor de la mesa. El menor apenas camina. El tío recuerda que dice ya algunas palabras («ahora ya no habla nada», escribirá Patrick unas horas después).

Ella se levanta. Va a lavar los platos. Entonces él se acerca, navaja en mano («me enfado, me fui contra ella», confesará en el juicio). Están cara a cara. Ella presiente la agresión y se adelanta. Le muerde la mano para tratar de desarmarlo. Pero él, joven atleta de gimnasio y futbolista aspirante, le clava el cuchillo en la garganta. A ella no le da tiempo ni siquiera a gritar. Es un ataque que requiere práctica: clavar en la yugular, serrar, con la sangre liberada a presión. («Ayer, cuando preparaba todo, no era capaz ni de beber agua de tanta adrenalina. Me hacía querer vomitar hasta lo que respiraba», dirá por WhatsApp a su amigo Marvin H.).

La sangre mancha las puertas de los muebles, el suelo. Existe gran determinación para que no falle el pulso, más con un arma tan corta como una navaja. La muerte, según dijeron los forenses, no fue instantánea pero sí rápida. La agonía por degüello puede demorarse un minuto, sesenta números con la pausa larga del segundo («no he sentido nada», mantendrá Patrick en una desordenada conversación por mensajería instantánea en la que buscará consejo sobre cómo deshacerse de los cuerpos y hará, en repetidas ocasiones, declaraciones de amor a Marvin, que vive en Brasil).

Los niños, sentados uno al lado del otro, el más pequeño en la trona, observan la escena. Su madre desvaneciéndose, empapada en sangre («no sabes lo difícil que es limpiar»), cayendo. Muere con los ojos abiertos («tenía aquella mirada de pez moro muerto», escribirá Patrick). El asesino está impregnado de la sangre de su víctima («solo huelo a sangre y eso que me he duchado», dirá).

Los hermanitos gritan sin moverse, paralizados de terror, buscándose, agarrándose, como si así pudieran defenderse o consolarse, o evadirse de ese momento irreal, inimaginable («divertido», describirá el verdugo). Su madre está a unos metros sin vida, con un líquido saliendo por su boca («su boca espumaba sangre», describirá). Cuando la mujer yace a los pies del asesino, él se dirige a ellos. Sin pausa se acerca a sus sobrinos, que gritan aún más, que esconden el rostro.

Primero elige a la niña, le cercena la garganta también. Los forenses encontrarán diferencias entre el apuñalamiento de los adultos (luego matará también al padre, ausente en el momento de los crímenes) y el de los menores. El de los pequeños es en forma de zigzag («Siempre trabajé la paciencia», chateará). Ante la indefensión, puede afinar el corte. Ralentizar el movimiento de la mano, ensayar el recorrido. El filo del metal hace un trabajo semejante al de la soga del ahorcado. La niña pierde el control de sus esfínteres en la agonía («la niña se ha cagado después de muerta», se burlará Patrick).

Separado de la hermana, muerta también como su madre, el niño tampoco puede huir. Tal vez grita o solo balbucea. La mayor quizá suplicó, él aún no tiene suficiente lenguaje. Pero cualquier palabra es inútil ante la decisión sádica del asesino («nunca volver atrás ni salir por aquella puerta sin el deber cumplido», dirá por WhatsApp). El criminal, su tío, le sesga la vida con el mismo cuchillo sucio, embarrado con la sangre de su madre y su hermana, con la misma lentitud, con el mismo trazo zigzagueante («matar con un cuchillo es así de fácil», dirá y se comparará con el psicópata de la serie *Dexter*).

Los mira a los tres, que se desangran . Quizá alguno todavía se remueva, quizá escuche algún gorgoteo desde las tráqueas agujereadas. Quizá alguno de los niños tenga aún un soplo de conciencia cuando Patrick suelte el cuchillo.

PIEDAD

Empecé la relación con quince años. A esa edad ves que alguien que tiene coche se fija en ti y dices: qué guay. Él era siete años mayor que yo. Todo fue idílico, hasta que empezaron episodios extraños, después de que perdí la virginidad con él. Era verano. Empezó a portarse como una persona celosa compulsiva. Decía que no quería que la gente del pueblo dijera que su novia era una puta. Me prohibió ponerme escote, vestidos cortos. Me pasé ese tiempo en pantalón largo y camisetas anchas. Tampoco tacones, porque era más alta que él y decía que lo hacía para ridiculizarlo.

Me llegó a decir que yo era demasiado guapa y que me iba a terminar dejando. Después me impedía salir. Se imaginaba que cualquiera que llegaba a Huelva era para estar conmigo. Me decía que lo hacía por miedo a perderme, porque me quería mucho. Yo al principio pensaba que eso era bonito. Con el maltrato iba poco a poco. Yo hacía lo que él decía, creyendo que eso me iba a ahorrar un montón de disgustos. Pensaba que si él estaba tranquilo, yo también. Estaba obsesionado con que miraba mucho a la gente. Terminé mirando al suelo. La relación duró un año.

Tenía las contraseñas de mis redes sociales porque él me las cambió. Solo podía meterme en Tuenti y Facebook con él, pero me tenía que salir del cuarto para que él tecleara la clave. Tenía que revisar las notificaciones delante de él. Yo estaba en el instituto y él me llamaba de madrugada, aunque tuviera clases al día siguiente. Quería discutir, decirme que era una guarra. Repetí curso, cuarto de la ESO.

Cuando iba a salir de fiesta con sus amigos, me llamaba para que le planchara la ropa. Yo iba y él me obligaba a tener relaciones sexuales, para salir desahogado, porque se iba a encontrar mujeres mejores que yo, decía. Yo era sumisa. Él me esperaba con los pantalones bajados. Ni caricias ni besos, yo era un agujero y punto. Me decía que si me entraba bien era porque yo estaba con otro chico. Así que me contraía para que viera que no. Después, con mi siguiente relación, me dolía cada vez que lo hacía. Era automático. Sufría una frigidez psicológica.

El móvil me lo cogía aleatoriamente. Una vez se lo quedó tres días para comprobar que nadie me llamaba. Como no ocurrió, concluyó que yo le había advertido a esa persona. No le bastaba nada. El día que lo dejé me dijo que me iba a coger el móvil. Yo le contesté que me diera él el suyo. Me dijo que no y me quitó el mío de una manera muy fea. Se lo arranqué de las manos, le eché valor, salí de su casa y decidí no volver más. Me dejó mensajes: ultimátum, insultos, amenazas. No le contesté. Lo recuerdo como si fuera ayer.

Un día vi un anuncio, sobre violencia psicológica, de un chico que le cogía el móvil a una chica y supe ponerle nombre a lo que había vivido. Nunca quise denunciar. No sufrí agresiones físicas, pero me agarró una vez del cuello. Decidí dar charlas para ayudar a otras víctimas, sobre todo jóvenes. Entre nosotras nos identificamos porque sabemos cómo funcionan esas mentes. Primero es el mejor hombre del mundo, luego comienza con el «joder, cómo te quiero» y los celos. Ahí empieza a lo bestia. Entonces o lo dejas o vienen las agresiones físicas. O el peor final.

RAQUEL

Lo conozco en una discoteca de Madrid a mediados de los noventa. Yo trabajo en una productora audiovisual y él estudia Ingeniería en la Politécnica. Tenemos una relación maravillosa. Nos casamos en el Registro Civil, porque ni yo soy practicante católica ni él, del islam. Nunca me prohíbe nada. Como todas las parejas, queremos disfrutar antes de tener hijos. Tenemos dos, un niño y, seis años después, una niña. Ellos deben elegir en libertad en qué creer.

Cuando muere su padre, a él le empieza una duda existencial. Dice que lo importante es estar bien con dios, seguir el camino correcto. Comienza a ir a la mezquita de la M-30. Habla de una persona que vende miel allí; luego de otra, que le instruye en la religión. Poco a poco, cambia pequeñas cosas. Tira todo el alcohol y lleva a los hijos a la mezquita. Deja de ir con nuestros amigos, quiere que el colegio no sirva cerdo en las comidas ni les enseñe música.

Yo tengo mucho carácter y no le permito levantar a mi hijo a las seis de la mañana para que rece con él ni que haga el ramadán. Tampoco le dejo sacar la televisión de casa. Le digo que no puede cambiarlo todo, pero dejamos de ir a la playa y él comienza a viajar solo a Marruecos en navidades. Un día lo busco en la mezquita y está con unos hombres. Me dice que son bellísimas personas, que no sé lo que han sufrido, que uno estuvo en Guantánamo. Aquello sucede año y medio antes de su detención [caerá en la Operación Gala, y lo condenarán a ocho años de prisión por pertenencia a organización terrorista].

Hay discusiones todos los días. Los niños y yo comenzamos a estar atemorizados. Quiere implantar su ley islámica, la *sharía*, en la que la igualdad con la mujer es cero, estamos en un nivel muy inferior a ellos. La mujer está obligada a obedecer al esposo.

Busco una abogada para divorciarme y me advierte de que los niños verán a su padre en el régimen de visitas. Tengo que aguantar, a saber qué podía pasar si los dejaba a solas con él quince días seguidos.

Me leo el Corán y otros libros que él me lleva. Hablaban de que la mujer es un campo que ellos pueden sembrar cuando quieran, que la que se niega es maldecida por los ángeles, que una esposa debe postrarse ante el profeta y ante su marido. En esa ley radical la mujer no puede hacer nada por lo que hemos luchado aquí.

Un día, bajo con la niña a por el pan y mi hijo prefiere quedarse jugando a la Nintendo. No demoro ni un cuarto de hora pero al regresar él está descompuesto. Cuando su padre se marcha a la mezquita le pregunto qué ha pasado. Me cuenta que le había enseñado vídeos de decapitaciones y de jóvenes que se inmolaban.

Finjo convertirme al islam para que me adoctrine a mí y no a los niños. Él se vuelca en mí, en un 80 %. Mi hija me abraza porque ya no iré al infierno. Tiene seis años. Al leer el sumario sé que él la utilizaba a ella de señuelo y la dejaba horas sola en un cementerio para despistar a la policía. Hay muchísimas más mujeres en una situación similar.

Noto que me siguen varios coches. Voy a la policía a poner la denuncia y dicen que mi marido está sometido a una investigación. Aquí debe pasar algo muy gordo, pienso. Cuando le pregunto, él me dice que yo no necesito saber nada, solo que sus hermanos necesitan ayuda y tiene que irse a luchar con ellos.

Derriban la puerta de mi casa y se lo llevan con la cara descubierta. Ahora, cada noche, antes de dormir, cuento los días que faltan para que salga de prisión. En las visitas, primero me amenaza. Me dice al oído que siga cubriendo sus necesidades. Luego, otros hombres, en la puerta de mi casa y del colegio, me llaman infiel, me siguen. Nos hemos mudado seis veces. La última, hace dos meses. Me tengo que ir cuando ellos llegan.

Él conserva la patria potestad de mis hijos. El niño ya es mayor de edad y todavía sufre ataques de ansiedad. No quiere saber nada de su padre. Cuando le preguntan, dice que murió hace cinco años en un accidente de tráfico. Mi hija también lo dice, pero ella tendrá quince años cuando él salga, una edad muy vulnerable. Y si al salir él quiere restaurar las medidas, ¿qué hago con la menor? Ella está en un riesgo grave.

HOUDA

Tenía la vida de cualquier persona, a pesar de la marginalidad de un barrio humilde, sencillo y totalmente aislado de la ciudad. Llevábamos una vida que intentábamos que fuera normal, en nuestra zona de confort. Nuestro día a día era como el de cualquier ciudadano. Cuando iba al instituto, caminaba tres kilómetros hasta la carretera a Valencia para esperar el autobús. Vivo en el sector 6 de la Cañada Real y no hay una ruta de transporte público. Tampoco colegios, supermercados, centros de salud o parques cercanos.

Entonces la luz se cortó y no volvió en dieciséis días. Vimos a los operarios de Naturgy en las torretas. El gobierno regional nos dijo que intentaban dividir los sectores 5 y 6 para que no hubiera exceso de demanda en la red eléctrica.

Nosotros protestamos. Tenemos mucha dignidad y defendemos nuestros derechos. Un mes después empezaron a poner la luz en tramos horarios que no eran lógicos: de diez de la noche a ocho de la mañana, cuando los niños se iban a acostar hasta que se iban a levantar. Y luego la cortaron totalmente y no la volvieron a poner. Descubrimos que habían instalado aparatos para limitar la potencia y que no llegara a las viviendas.

Así se deteriora el cuerpo y la mente. Sin luz no hay lavadora y tenemos que lavar a mano. No hay agua caliente y tenemos que calentarla en ollas para bañar a nuestros hijos, y se acaba y hay que correr para calentar más mientras los niños pasan frío. Además, juegan con nuestra salud mental. Por ejemplo, cuando empezamos a manifestarnos fuimos a las puertas de la compañía, salieron y nos dijeron que ya teníamos luz. Llamamos y era cierto. Volvimos. Nos dio tiempo a recoger la casa y poner una lavadora. Y ya se había ido la luz.

Nos hemos dado cuenta de que están jugando con nuestras vidas. La política quiere que nos acostumbremos. Juegan a que creamos que sobrevivir sin luz es algo normal, y no lo es.

ISABEL

Recién tuve a mi niño, me fui al campo a trabajar. Estaba estudiando y me quedé embarazada. Tuve mi niño, el único hijo que tengo, y me casé. Era una circunstancia de necesidad. Tenía 24 años y tenía que pagar una hipoteca. Mi marido ganaba poco y no teníamos para subsistir. Me fui a la recolección del algodón, la pipa, el panizo, la patata, la algarroba. Todo en Jerez.

Las mujeres trabajábamos con hombres. Como comprenderás, la fuerza y el físico del hombre no son los de la mujer. Te pagaban lo que cogieras en kilos de algodón. Si cogías más kilos, más. Menos, menos. Te pagaban al final del día o por semana, dependía de quien te contratara. También los precios, unos a unos, y otros a otros. La pipa y el panizo y el maíz era a la jornada.

A las mujeres nos exigían mucho. A veces había jefes o capataces que eran un poquito que querían sobrepasarse con la mujer. Sacar algo, a ver si podían aprovechar. Estuve trabajando en el campo cerca de diez años. Siempre en el punto de mira, diría que no sexual, pero sí vigilada y criticada. No te veían de igual a igual. Parece que querían algo a cambio, había que tener mucho cuidado. En ese ambiente siempre tenías que estar alerta. Si hablabas o reías mucho eras una golfilla.

Me levantaba a las 5:30 de la mañana para llegar al tajo, que estaba a 80 kilómetros de aquí, por la sierra. Regresábamos a las siete de la tarde, a hacer las tareas de la casa, la comida para el día siguiente, la faena, con el niño chico, que lo había dejado con la abuela paterna. Lo recogía y me lo traía.

La cosecha más dura era la del algarrobo en pleno mes de julio y agosto, a cuarenta y tantos grados en el campo. Se cogía de rodillas en espuertas y se echaba en un remolque. Las cogías del suelo, meneabas los árboles y caía, y de ahí la cogías de rodillas. Te hace polvo las rodillas y la calor, en julio y agosto, fíjate. También castraba las pipas y la remolacha y el algodón. Era también malo porque ibas con una cuadrilla de hombres y tenías que seguir el ritmo. Desayunábamos en el campo. Parábamos diez minutos, según nos daban. Al mediodía comíamos ahí. Llevábamos la comida. Nos daban una hora.

Cuando cerraban la cosecha de la pipa o del algodón ibas quitando las matas más débiles y dejabas espacio entre una y otra para que la planta se desarrollara mejor a una distancia. A mano y agachada. Te destrozaba la mano y la espalda, el algodón. Por cuenta propia y no me veas. Todo el día a correr. Cuantos más kilos cogieras, más ganabas. Los hombres cogían el doble y el triple, y algunas veces nos pagaban menos a las mujeres.

Para tener trabajo todo el año, en enero recogíamos zanahoria. En marzo la castra del algodón, y maíz y panizo. En verano la algarroba, que era julio, agosto y algo de septiembre. En octubre y noviembre, la patata y el algodón entre una cosa y otra. Todo agachada. Yo fui pionera. Ahora el trabajo en el campo se ha mecanizado mucho. A los 34 años acabé de trabajar en el campo. Ahora tengo 68 años.

Pero lo de camarera de piso no tiene nombre. Es peor, claro. Ahora sí. Hace 20 años cuando yo entré no era así. El de camarera de piso es un trabajo a destajo, con un ritmo frenético. Corre y corre.

En la hostelería comencé en Chiclana. El trabajo me pesaba menos, aunque también había mucha carga y la agonía de que no te da tiempo de acabar. Pero ya he llegado a una edad que no me puedo jubilar en el trabajo que estoy, que tengo enfermedades profesionales que no me reconocen. Dicen que son normales de la mujer. Túnel carpiano, manguitos rotadores, lumbares, ansiedad.

Te pones mal psicológicamente. En este trabajo no se jubila ni un 2%. El otro 98% son enfermas crónicas y se van con incapacidad o sin nada porque no tienen años cotizados o no les dan la baja.

Trabajas enferma con gran cantidad de medicamentos. Tramadol, ibuproeno, paracetamol... Te automedicas para trabajar. En vez de una cada ocho horas, una cada cuatro. Todo para los dolores y tratamientos antidepresivos. Porque te crean un malestar con que te dan un trabajo y no puedes hacerlo, no porque no puedas trabajar, sino porque es un trabajo penoso. Queremos que nos incluyan en el catálogo de profesiones insalubres y peligrosas.

En el campo había un ritmo que marcaban los hombres pero no era el de ahora en la hostelería. Vamos desafinadas. No queremos que nos hablen, no queremos ir al servicio. Hasta las cinco de la tarde. Cuando empiezas no piensas que vas a dejar la salud, que la ibas a dejar en el camino, que vas a tomar una medicación que te hace dependiente para poder trabajar. Sufrimos una violencia que no le pongo ni nombre. El médico de cabecera te da de baja y el inspector médico te manda el alta sin verte ni valorarte. Como si fuéramos una máquina. Bursitis, hernias discales, problemas de rodillas, tobillos y cervicales, contracturas... Cada día estamos más deterioradas. Y empieza la menopausia.

Si no cumples, te sancionan: te dicen que eres lenta, que tienen que cambiar. Te machacan psicológicamente. O te suspenden de sueldo y trabajo. O te echan. Lo hacemos porque no tenemos otra.

La media es veinte habitaciones por camarera y cada una la tienes que hacer en quince minutos, cinco más si son las familiares. Pero no todas las habitaciones son iguales. Es como te la encuentres. Con algunos clientes nos podemos tardar una hora. Hay que hacer la terraza, las camas, limpiar el polvo, el suelo y el baño. Para eso la empresa estipula un cuarto de hora. Pero si es cambio de sábanas, necesitas más tiempo y no te lo dan.

Hay clientes súper limpios y ordenados y ganas tiempo, pero en una con niños te pierdes. Y ya llevas retraso. A la gobernanta le salen las cuentas en papel, pero a nosotras nos falta tiempo. Tenemos que correr. Ese es el estrés que tenemos todos los días. No puedes ir al baño, nadie quiere perder ni un segundo. Algunas no beben agua para no hacer pipi, porque todo lleva tiempo. O sólo cinco minutos para cambiarte cuando estás con la regla, pero luego tienes que aligerarte más. Cuando vemos que no llegas, pues a algunos no les limpias el polvo, o alguno te dice que no quiere servicio, que mañana, y ganamos algo. Somos las grandes olvidadas. En el campo no lo viví así.

CELIA

Un 3 de septiembre estábamos solo dos personas en el área de finanzas. Las otras cinco, de vacaciones. Hubo una llamada de un supuesto abogado de una conocida firma de consultoría con la que nosotros trabajábamos. Me habló de una transacción confidencial, de unos nueve millones de euros. Me dijo que iba a recibir una carta de confidencialidad para que la firmara. Se trataba de la compra de una empresa que iba a anunciar el presidente de la empresa [EMT de la Comunidad Valenciana] en rueda de prensa y no podía filtrarse. Por medio estaba también la Comisión Nacional del Mercado de Valores. El presidente le había dicho que hablara conmigo. Yo, sorprendida, comprobé que este señor era abogado de esa compañía [Deloitte] y aparecía en internet. Enseguida recibí un correo electrónico con la extensión de mi empresa, con el nombre del presidente; en él me informaba de que me iba a llamar este señor, agradecía mi discreción y pedía que me pusiera en sus manos. Le di las gracias por confirmar que él estaba en este tema. El supuesto abogado me llamó un montón de veces esa misma mañana para ver las transferencias que había que hacer, porque para la rueda de prensa debíamos tener pagado el 60 %, unos seis millones. Lo puse en marcha porque es una labor administrativa.

Me pidió los documentos de los apoderados. Yo los tenía, por nuestro trabajo. Me dijo que las transferencias se efectuarían por carta, porque querían tener trazabilidad de todo, y ellos me enviarían las facturas. Yo le mandaba la carta dirigida al banco con el texto de las transferencias al supuesto abogado, él me las devolvía firmadas y yo las enviaba al banco, que tampoco detectó la estafa, pues hizo ocho transferencias así a lo largo de tres semanas. La primera fue de trescientos mil euros.

Me sorprendía esta manera de trabajar. Nunca había firmado una carta de confidencialidad, pero lo achaqué a que estaba sola. ¿Me llamó la atención que me llamaran a mí? El gerente había viajado fuera de España y pensé que me había tocado a mí porque era la única que quedaba allí. En Administración se lleva a cabo trabajo administrativo: tanteo de formas, aportación de documentación, pago de facturas, contabilizar esas facturas. Es lo que hice, yo no firmé ni falsifiqué ninguna firma.

Yo era directora de Administración y tenía por encima a dos jefas. Además, el año anterior nos habíamos enterado por una rueda de prensa que dio el presidente de la compañía, también en septiembre, de que asumíamos la gestión de un *parking* del ayuntamiento. Como ya había hecho alguna vez estas gestiones en secreto, pensé que era algo parecido.

El supuesto abogado me dijo que yo no podía hablar del tema con ninguna persona, ni siquiera con quienes estaban firmando, aunque volvieran de vacaciones. El gerente estuvo a partir de la segunda semana, de las tres que duró el fraude, y cuando regresó le dije al supuesto abogado: voy a subir al despacho para que el gerente firme la carta. Pero me insistió en que no nos podíamos comunicar. Le manifesté que no me sentía cómoda trabajando así y me respondió que si quería llamar al presidente de la compañía, lo hiciera. Le dije que no lo iba a molestar. A los cinco minutos volvió a telefonear y me reiteró que le preguntara al presidente cuando quisiera, que él había dicho que me atendería y que mi trabajo era excelente. Yo estaba hasta arriba porque había muchos problemas en el departamento, intentando arreglar los asuntos de otras áreas para que la contabilidad reflejara la foto real de la empresa.

Este hombre no tenía acento extranjero. Mi oficina era abierta y cuando sonaba mi teléfono y yo no estaba lo cogían otras compañeras. Él me contactaba indistintamente por correo o teléfono. Yo no le di mi móvil; le expliqué que no tenía móvil de empresa y él me llamaba al fijo. El primer contacto fue por teléfono. A la segunda o tercera transferencia hubo un cambio de empresa.

En la novena, cuando ya se habían transferido cuatro millones de euros, el banco me pidió que firmara un modelo por el que le autorizaba a transferir fondos a China y pidieron confirmación telefónica a uno de los que estaban firmando. Nunca antes lo habían hecho. El apoderado explicó que él no había firmado nada. Ahí, tres semanas después de comenzar, se descubrió que había una estafa. El jefe de gabinete del gerente dijo: es la estafa del CEO. Yo soy una persona confiada y cuando todo esto se descubrió me explicaron que seguramente me habían estado siguiendo. La policía investigó las llamadas que yo había hecho, desde mi móvil y mi fijo, y comprobaron que eran normales.

Lo descubrieron un lunes y a los cuatro días, el viernes, me despidieron. Sin abrir expediente, se lo comunicaron al comité de empresa media hora antes, sin presunción de inocencia. Fulminante. Yo figuro como investigada. Soy la única investigada. El tribunal de cuentas me ha condenado a pagar los cuatro millones, porque la fiscal dijo que me tenían que responsabilizar a mí. El juicio se celebró hace un año. Como no puedo afrontar la sentencia tengo todos mis bienes embargados. No me condenaron por dolo, sino por negligencia grave. He recurrido. A mí me estaban estafando, pero el banco tenía sus protocolos y no los activó. Ante un sistema de transferencias que no era el habitual, por qué no pidieron confirmación telefónica a las primeras de cambio. Y con una estafa tan tremenda. Yo no tenía ninguna instrucción para evitar estas estafas. Solo nos daban cuatro cursos de formación: inglés, valenciano, Excel y Word.

El juzgado luego averiguó quiénes eran los testaferros, dos ciudadanos chinos. La última noticia que tenemos del juzgado de instrucción es que registraron los teléfonos e IP y que se han enviado comisiones rogatorias a Irlanda, Estados Unidos, Israel y Nigeria.

La gente se cree que yo soy tonta, incluso el tribunal me dijo que yo tendría que haberme dado cuenta, como si fuera la primera víctima de esta estafa del CEO. En ese momento se dio la tormenta perfecta en la empresa, porque teníamos veinticuatro millones en cuenta corriente, lo que era extraño, porque lo normal era cuatro millones a primero de mes y bajando. Pero se había cobrado un préstamo del Banco Europeo de Inversiones, lo que era también algo extraordinario. Yo pensaba que esto que se iba a hacer era parte de una de esas inversiones. Esta era la primera estafa en una sociedad anónima con un único accionista público. Me es doloroso hablar de esto. Me lleva atrás y me duele.

L. L. C.

Salí bastantes veces de Cuba a competencias y torneos en otros países. Desde el minuto uno, no tienes nunca tu pasaporte. Cuando vas a viajar, te lo entregan en el aeropuerto, justo antes de salir, y en el avión te lo retiran. Te lo devuelven cuando vas a cruzar la aduana y luego te lo quitan otra vez, para que no puedas cambiar dólares. Siempre me acompañaba una figura de policía político, que estaba pendiente de todo: adónde ibas, adónde salías, dónde te movías, siempre pendiente de ti, de lo que hablabas. Los de seguridad siempre son un señor o una mujer muy serios, de pocas bromas. Alguna que otra vez alguno más sociable. Lo ves siempre apartado y mirándolo todo. Con mucha intriga.

Eres totalmente esclavo. Solo les faltaba sacar el látigo y darnos. Ninguna libertad, porque cualquiera tiene dos o tres horas para ir a hacerse una foto, una tarde para pasear. Ellos no te dejaban ir. Tenía que estar todo el equipo junto, si por casualidad no jugaba nadie. Había que salir en grupo. No te dejaban moverte. Como si estuvieras preso y te quitaran tu documento.

Ibas a una competencia y daba igual que te pagaran en metálico o al Gobierno. Cobrábamos la cuarta parte de lo que ganábamos. Si el primer premio era equis, te daban el 25 %. Hablábamos con compañeros de otros países, para saber cuánto recibían por medalla y la diferencia era brutal. Competíamos en pareja y de ese 25 % le pagaban al fisio, al entrenador, al médico y a nosotras.

Mi deporte era la pelota vasca. Competí en España en 2007 en el mundial sub-22 y volví en 2018 a otro mundial. Estuve en

Francia dos veces en campeonatos mundiales. En México, dos o tres veces al año. También en Chile, Perú y Venezuela. Cuando organizan un torneo panamericano o las Olimpiadas, la federación internacional y el COI [Comité Olímpico Internacional] destinan una cantidad de dinero a la competencia y lo reparten. Sale de todas las marcas patrocinadoras que van detrás de la competencia; el COI lo coge y lo divide para arreglar instalaciones, pagar a los jueces y destinar a los deportistas para cada modalidad: quince mil si ganan oro, diez mil por la plata y cinco mil por el bronce. El COI paga a la federación de cada país y ellos a los deportistas.

El atleta competía, volvía a Cuba y podíamos cobrar tres meses después. Igual en dos años aún te debían dinero. En unos Juegos Panamericanos a los que fuimos, las mexicanas nos comentaron que les iban a pagar quince mil dólares. Nosotras llegamos con dos medallas de plata y nos dieron novecientos cuarenta y cinco. En 2007 no nos dieron nada, porque era de juveniles y, en 2018, deserté y no me pagaron la medalla de bronce. A mi compañera, que sí regresó, le dieron unos cuatrocientos dólares.

Cuando viajábamos nos ponían en hoteles. Estaban bien, porque nosotras en la escuela [de alto rendimiento] vivíamos en una habitación para cinco, con baño compartido. Para comer, fatal. Protestábamos por las malas condiciones. Muchas veces me iba a entrenar sin desayunar porque el pan tenía moho o el chóped estaba verde.

Deserté porque en enero de ese año me comentaron que me iban a sacar de la selección, a pesar de que era primera figura, porque ya tenía treinta años. No podía rebatir esa decisión. Como en octubre se celebraba el mundial en Barcelona pensé: aquí, no me queda de otra. Hubo suerte porque después del mundial fuimos a Tenerife a jugar un torneo al que nos habían invitado. Nos quedamos mi compañera, el entrenador y yo. Al regresar hicimos escala en Barcelona y Madrid, antes de ir a La Habana. Aproveché. Llegamos a la una de la mañana y el vuelo no salía hasta las doce del mediodía. Llegué al aeropuerto, esperé un rato, mientras el entrenador se tiraba en un banco a descansar y, cuando vi que estaba medio dormido, cogí mi mochila con nada más que un pantalón y un cepillo de dientes y me fui por la primera puerta.

No tenía nada, ni visa. El pasaporte de deportista lo guardaba el entrenador y no había forma de quitárselo. En ese momento él ejercía de vigilante porque el que nos acompañaba se regresó con los otros atletas. En el mundial éramos dieciocho deportistas y tres entrenadores, más el de seguridad.

Me pusieron una sanción de ocho años por la que no puedo entrar a Cuba, y llevo fuera cinco años y tres meses. Mi mamá, mi papá, mi abuela y mi tía siguen en Cuba. Aquí estoy yo sola. Me gradué en Cultura Física y Deportes, pero no pude homologar mi título. Aquí no me ha servido. Otros compañeros probaron a hacerlo y no lo lograron, yo ni he hecho el intento.

Hay varios casos de colegas que han regresado, y no pueden practicar deportes, olvídate. Te imponen una sanción de dos o cuatro años alejado de los entrenamientos, en cualquier nivel. Tienes que buscarte la vida en otro tipo de trabajo. Cuando se cumple ese tiempo, te permiten ser entrenador en un equipo pequeño y no hay permisos de salida del país y estás maldita ante la sociedad. Y el dinero que cobramos [de pensión] te lo quitan por indisciplina muy grave. Ese dinero que cobrarías hasta que te mueras, te lo quitan.

Aquí pedí asilo, esperé todo el proceso para obtener el permiso de trabajo y me empleaba en lo que aparecía: limpiar bares y casas. Cuando me dieron el permiso de trabajo, en quince días conseguí un puesto de camarera. Tuve intenciones de volver al deporte, pero para jugar tenía que moverme a Valencia o Tenerife, que son las provincias de España con nivel en mi modalidad, y me dio miedo empezar de cero otra vez. En todo el tiempo que llevo aquí no me arrepiento de lo que hice. Al principio se pasa mal, se extraña mucho y se sufren necesidades. Ahora estoy encargada de un restaurante y en las noches voy a una escuela para sacar el grado medio de

Auxiliar de Enfermería y después quiero pasar a la universidad. Se logra salir adelante.

J. S. P.

Soy médico de Camagüey, en el centro de Cuba. Graduada en 2009. En 2011 salí a la primera misión internacionalista en Venezuela. Es bastante turbio. Te venden la idea de que vas a salvar pueblos que tienen poco acceso a la salud. Sientes que vas a llevar a cabo una tarea solidaria pero en el fondo tiene un interés económico. Yo cobraba veinticinco dólares al mes en Cuba.

Firmé el contrato una noche, después de una hora escuchando instrucciones en un teatro con mil personas que esperan un vuelo como tú. Te entregan un papel, lo firmas y lo recogen. No te dan tiempo a leerlo. Lo ves en ese momento por primera vez.

El salario es de ciento veinticinco dólares en una tarjeta para comprar en tiendas dentro de Cuba, mientras trabajas en ese otro país. No tienes acceso a ese dinero a menos que cumplas con éxito la misión. Ellos pueden quitártelo. Cada misión dura dos o tres años. En Venezuela también nos daban un estipendio en la moneda local, muy poco. No pagábamos alquiler, el dinero era para comida. Aún con ese poco que nos pagaban, la mayoría de los médicos vivía en la precariedad más absoluta para poder ahorrar y comprar cosas que llevar a Cuba.

Las condiciones de trabajo eran increíbles. Yo fui al estado Carabobo. Nos trataban como si fuéramos de su propiedad, no podíamos movernos libremente. A las seis de la tarde teníamos que estar en la casa con un responsable, que tenía que informar si llegábamos todos a la hora. Había que reportarlo todo. Si tenías trato con un nacional del tipo que fuera, tenías que esperar a que te autorizaran una amistad, una relación romántica, lo que fuera debía ser aprobado por el jefe de la misión. Necesitabas permiso para ese tipo de contacto.

Para justificar la misión, nos obligaban a influir en el pensamiento político de los pacientes que llegaban, y a hacer visitas en las casas de la gente con propaganda política. Durante las elecciones teníamos que estar cerca de los colegios electorales para controlar quiénes iban, porque los conocíamos a todos.

A nosotros nos quitaban el pasaporte. Te daban uno oficial diplomático, que no es el ordinario, en el momento de subir al avión. Cuando llegabas, te lo quitaban. Y lo volvías a recibir en la mano al regreso. Andabas con fotocopias. No tenías documento de identidad del país donde estabas, te controlaban las veinticuatro horas y te lo hacían saber.

De cada cien trabajadores de salud, unos treinta eran de seguridad del Estado cubano. Iban como chóferes, almaceneros, empleados de logística; los ponían de cualquier cosa. No te decían abiertamente que eran de seguridad. Lo han articulado de una manera, con un mecanismo, que unos delatan a otros y, si salías fuera del horario y no regresabas a la hora o te ibas a otro pueblo a hacer compra, lo decían. Estabas todo el tiempo vigilado. El país era violento. No conocí nada, solo ese pueblo donde vivía. Tenía demasiado miedo. Para mí fue bastante traumático. Regresé a mi país de vacaciones. Me inventé una excusa para no volver más a la misión.

Después fui a Brasil, en 2015. Las dos veces con mi esposo. Esta vez era diferente porque la misión era muy grande y no tenían el poder de controlarte como en Venezuela, ya que no dieron entrada a tanta gente que no era sanitaria. El poder era menor, pero el trato era el mismo. Había que reportar cada día, en casa, con mensaje de teléfono, por WhatsApp, al jefe de región.

Sabíamos que recibíamos el equivalente a un 20 % de lo que realmente pagaban por nosotros. Nos daban dos mil reales y el pago era de diez mil [unos mil setecientos euros]. Se lo entregaban al gobierno cubano y el gobierno nos mandaba nuestra parte en moneda de Brasil. De ahí dependía mucho de lo que pudieras ahorrar para llevarte de vuelta. En Venezuela no sabíamos lo que pagaban por nosotros, pero en Brasil, al tener contacto con otros médicos, nos lo decían.

Es una situación de trabajo esclavo que todo el mundo sabe que existe. En Cuba con salario de médico no tienes posibilidad ni siquiera de comprarte un televisor. No lo lograrías nunca. Viviendo de tu salario estarías condenado a pasar toda la vida en la casa de la familia, intentando sobrevivir. No se puede hacer otra cosa. Estas misiones servían a la mayoría de la gente para comprar una casa o tres cosas materiales, que aquí quizá parezcan poco, como una lavadora. Un médico especialista no puede permitirse nada con su salario.

La primera vez vivíamos en una casa cinco personas. Yo en una habitación pequeñita con mi esposo, en una cama individual. Ahí dormimos dos años. Era lo que había. Compartíamos la casa de dos habitaciones con otras tres personas y, a veces, cuatro. Pero otra gente compartía con doce personas. Una sola cocina y un solo baño. Siempre había alguien de la casa, incluso si no era de seguridad del Estado, que reportaba cada día.

La segunda vez todo lo tenías que gestionar tú, pagarte el alquiler y el resto. Dependía de cuánto estabas dispuesto a sacrificar para ahorrar unos centavos. Mucha gente vivía en condiciones malas para ahorrar un poco más. Ahí viví en Bahía.

No eres dueña de tu tiempo. No puedes decidir si es una hora o son nueve las que trabajas o descansas. Ellos deciden cuánto tiempo y a qué hora, en cualquier momento del día y de la noche. Controlan tu vida y tus relaciones. Absolutamente todo. Hay gente que dejaba a la familia en Cuba, pero ellos tampoco podían disponer del dinero hasta que regresaban.

La misión de Brasil se acabó cuando llegó al poder Bolsonaro, que prometió que nos liberarían. Si desertas no puedes volver a Cuba como mínimo en ocho años. Yo regresé y luego me vine a España. No sé cómo conocer realmente si tengo una sanción ni quiero comprobarlo. No he vuelto desde que estoy aquí. No me atrevo a volver. Hay personas que han regresado y les han impedido salir. Con ellos estás absolutamente desprotegido. No tienes cómo defenderte. Yo prefiero no arriesgarme.

Si no cumplías, la principal sanción era revocarte la misión y perdías el dinero. Y todo lo que habías estado ahí era de gratis, con todo lo que implicaba moral y éticamente. Al regresar te miran mal. ¿Qué habrá hecho? Pero está el problema de que pruebas un poco lo que es la libertad, a pesar de las condiciones en las que estás, y para mí no hubo vuelta atrás.

Elegí España porque sabía que podía homologar mi título aquí. Habría ido a cualquier lugar. Pero las posibilidades de salir de Cuba son mínimas. Tienes que calcular dónde hay una posibilidad real. Los primeros meses hice de todo. Ahora puedo trabajar en lo mío. Pero lo hubiera hecho igual si no hubiera podido ser médico.

Vine a España en 2019, con visado de turismo. Una aventura loca. No podíamos seguir viviendo en Cuba. Estuvimos aquí más de tres años como irregulares, trabajando en lo que hubiera. Mi marido, en una imprenta, doce horas por cinco euros la hora. Yo cuidaba ancianas y me empleé en otros trabajos mal pagados, pero sentía una libertad que no había experimentado nunca. Eso es invalorable. No me arrepiento ni un día. Homologamos el título y trabajo como médico.

SAMANTA

Me tocó huir de la casa de mi madre por los maltratos, porque mi forma de ser no era la que ella esperaba. Me fui a los quince años a vivir con un familiar y de ahí a la calle. A los dieciséis comía de la basura. Conocí a una mujer *trans* que me inició en lo de la calle. Me dijo que me podía ayudar para que no sufriera ni durmiera al raso, que me ponía a trabajar y por lo menos podría pagar una habitación y tendría para comer. Así me inicié. Empecé a los dieciséis años en Honduras, donde nací. La primera vez hice bastante dinero, nunca había visto tanto para mí sola, y me gustó. Se me había abierto el cielo. Empecé a ir todos los días y me gustó esa vida. Decidí después seguir adelante yo sola. Para mí era bastante dinero. A veces lo ganaba, a veces no. Siempre lo hice porque quería.

No me sentía víctima porque me pagaban por hacer lo que me gustaba. Con el tiempo ves que la realidad no es esa y lloras, te sientes decepcionada y te hundes en el alcohol. Iba a las discotecas, hacía lo que las demás hacían, pero nunca cogí el vicio porque sabía que esa no era la vida que quería llevar. Estuve así hasta que senté cabeza. El peor error era que me dejaba manipular por las compañeras que ya tenían mucho tiempo en la calle. Me cobraban un impuesto por pararme en la esquina. Así hasta que me hice reconocida. Recogí chicas, las llevaba a mi casa, las orientaba. Algunas salieron bien, otras no.

Es una vida dura porque a esa edad las chicas se refugian en las drogas y algunas mueren. Dejan de pagarse una renta por andar en las drogas. Es igual allá que aquí.

Lo que más me marcó fue cuando me violaron. Tenía diecinueve años. Me dejaron, porque creían que estaba muerta, en un descampado. Me robaron el dinero. Llegué a mi casa golpeada, estuve vomitando sangre bastante tiempo. No fui al médico ni al hospital. También recibí puñaladas, quince en un solo ataque. En otras ocasiones me hirieron con un cuchillo y hubo disparos que no me alcanzaron. Nos agredían los mismos clientes. Alguno me rompió la cabeza y perdí el conocimiento. Caí y no pude ni gritar. Me levanté ensangrentada con muchas personas alrededor de mí y salí corriendo, hui del lugar. Algunos lo hacían porque por el dinero que me pagaban se creían dueños de mi cuerpo. Piensan que ellos te pagan y tú tienes que obedecer. Piden cosas que no quieres hacer. Ahí es cuando te agreden.

Me vine a España y solicité asilo. En Madrid me han asaltado y golpeado en pleno invierno, me acuerdo. Uno me tiró en un charco congelado y se llevó todo lo que tenía. Otro hombre me agarró con una navaja y me dijo que por los diez euros que me dio tenía que estar con él hasta hacerlo terminar tres veces.

Trabajé en el polígono Marconi [en las afueras de Madrid]. Vivía por esa zona y me prostituía por allí. Trabajaba sola. Estuve más de cinco años en el polígono. Estás parada ahí, sabiendo que hay veces que no vas a sacar ni para comer. Todos los días, cogiendo frío, aunque a veces no saques ni un euro.

La que me paró en la esquina a trabajar era la persona con la que vivía. Ella había trabajado en esa zona y nadie me iba a decir nada. Yo ejercía de manera voluntaria, pero al mismo tiempo caí en manos de esta amiga que conocía de años y lo que ganaba era para pagarle a ella: la renta, los gastos de la casa, si se dañaba una cosa. Me tenía como esclava, no podía salir, tenía que pedir permiso, se metía mucho en mi vida. Si a final de mes no tenía para el alquiler, tenía que darle cincuenta euros diarios de compensación. Pagaba trescientos cincuenta de renta, diez por cada cliente que llegara. Si el cliente quería estar más tiempo podía llegar a cien, depende de la hora.

A los dieciocho años empecé a automedicarme. Compraba las hormonas en las farmacias. Las probé todas. Al final tomas todas las que están en el mercado. No estoy en tratamiento ahora. Es muy difícil conseguir cita y me cansé de que me enviaran de un lado para otro. He interrumpido mi terapia hormonal ahora mismo porque me cansé de que me mandaran de un hospital a otro y luego a otro. Sentí que jugaban conmigo. No tenía fin. Me desentendí de todo.

Me levanto a las cinco de la mañana, soy camarera de piso y trabajo en las habitaciones de un hotel. Entré por diez días de prueba y llevo ocho meses. Es difícil porque pasé de tener un horario que manejaba a mi antojo, a levantarme a las cinco para ir a trabajar. Pero me he acoplado al horario. Al principio quería renunciar, pero me dije que tenía que coger fuerzas de donde no hay.

Las *trans* estamos encasilladas, parece que solo servimos para la actividad sexual y no es verdad. Debemos tener más oportunidades. De todo se aprende, hasta de los errores y las cosas malas. Gracias a tanto golpe y discriminación, decidí conseguir un trabajo que nunca pensé. Yo nunca me vi trabajando. Incluso hoy hay días que no me creo lo que hago. ¿Estoy soñando?, me pregunto de tanto que me ha costado cambiar de vida. No es lo mismo tener un sueldo al mes a estar parada todas las noches en una esquina. Aquí ya sabes que tienes para comer, pagar el alquiler y saldar las deudas. Yo, al menos, estoy cotizando, me siento útil y dejo el nombre de las mujeres *trans* en alto. Hay que perseguir nuestros sueños e ilusiones. No voy a volver a una esquina.

Ahora le tengo fobia al trabajo de la calle. Hay clientes que ya conozco y me llaman y los atiendo todavía por las tardes. A veces voy a sus casas, otras vienen aquí. Lo hago por el dinero extra. Pero no es como antes que, si me llamaban de madrugada, me levantaba para arreglarme. Ya no.

JOSÉ

Yo no salgo los fines de semana. Me entretengo con el móvil. Soy del Dépor. Tengo la radio y escucho los partidos. Fui a trabajar a Getafe Industrial tres meses. Me dijeron que me quedara un mes más y me quedé. Me dedicaba a llevar el correo a los compañeros. Para todo. Y muy bien. Después no quisieron renovarme el contrato. Fíjate cómo nos tratan a las personas con discapacidad, nos dan pocas oportunidades. Fue hace un año.

Luego me volvieron a llamar para trabajar. Pero a mi padre le dio una arritmia cerebral en la calle, comprando una barra de pan, y se cayó. Ahora mismo no puedo trabajar, por mis padres. Soy responsable de ellos. Mi madre va despacio, mi padre va solo. Si él se cansa, yo lo siento o se agarra a mí. Lo hago todos los días. Ahora, con mi madre hospitalizada, la visito. Tengo que llevarle las pastillas que toma. Con mis padres lo primero. Siempre he vivido aquí con ellos. Soy hijo único.

A mí me traen la comida a casa. Cuando la señora Rosana viene, cinco horas al día, yo me quedo con mi padre y ella se encarga de mi madre. Ella los ducha cada dos días. A mi padre lo lava todos los días. Ella los saca. Yo subo a mi padre, lo afeito. Él tiene ochenta y cuatro años y mi madre, ochenta y cinco. Yo tengo cincuenta y cuatro. Ahora mi madre está ingresada por una infección de orina y un ataque de ansiedad. Yo duermo con mi padre, por si se cae. Mi madre tiene su habitación.

A mí me van a hacer un a prueba, un TAC con contraste, que me calienta mucho la tripa. Tengo cáncer de colon. Intento que todo sea en las horas que está Rosana. Me operaron de cáncer hace un año. He perdido cuarenta kilos.

Tengo el apoyo de mi primo Juli, que me lleva al hospital en coche, y me acompaña. Luego tengo otra prima, que se quedaba con mis padres cuando yo estaba en el hospital. He estado diez días ingresado.

No estoy solo, yo sí tengo amigos, pero debo estar con mis padres. No los veo. Por el móvil hablamos, por WhatsApp. No puedo quedar con ellos. Mis padres son lo primero. Iba al chino a beber Trina de naranja, los sábados al mediodía. Ya está. Hablamos. Ellos no son del Dépor. Son del Madrid aquí todos. Antes iba a verlos. Pero ya no tengo ganas.

Yo estuve en la sección D. Iba a aprender a una empresa de cartones. Estaba de telefonista. Luego en Mercamadrid, en la nave D, de administrativo. Me mandaban a hacer carnets para los muchachos, para que entraran con el camión. Y me mandaban al banco a llevar cheques o a comprar. Y de telefonista. A las 11:30 bajaba a coger el correo y lo subía. Luego estaba en una notaría de abogados, donde éramos cinco y solo me pagaban el abono transporte. Estuve casi dos años y no quise seguir.

Me vine a mi casa y le pasó a mi padre lo que le pasó.

En todos los sitios han quedado contentos. Soy amable con mis compañeros. Mejor de lo que ellos pensaban, porque una persona con discapacidad, ya sabes. No sentí ningún rechazo allí. En general, yo creo que no nos dan una oportunidad. Cuando se dieron cuenta de lo bien que trabajaba, ya era tarde.

En el centro, hacía vida social también. La novia se me ha muerto hace dos años. Se llamaba Mercedes. Nos hemos tirado ocho años de novios. Nos conocimos en la cadena de producción. Fíjate lo que son las cosas, la enterraron el mismo día de mi cumpleaños. El 10 de febrero. Fueron de aquí al tanatorio. Yo estuve allí en todo momento, con ella y las hermanas y hablábamos por el móvil. Fue hace dos años.

No quiero volver a tener relación con otra chica. Ya he tenido bastante. Me ha afectado mucho. No me he aislado por eso, pero he sufrido.

Mis amigos viven por aquí. Los veo por la mañana cuando voy a por el pan. Me quedo un rato hablando. Estoy pendiente de mi padre. Pero porque esté ahí con ellos media hora no pasa nada. Los veo por la calle cuando vienen, hablamos. Poco más, esto es lo que hay.

En agosto estuve solo en casa, porque ingresaron primero a mi madre y, a los cuatro días, a mi padre. A mi madre en un hospital y a mi padre en otro. Estuve solo en casa quince días. La comida me la traen para mí y mi padre. Mi madre no quiere, ella compra y se lo cocina la que viene.

Mi madre tiene un poquito de alzhéimer. Se le olvida dónde deja el monedero, la llave, pero estoy yo. Yo me encargo de todo. De ir al banco a sacar el dinero, todo.

¿Estoy solo ahora mismo? No tengo tiempo de pensarlo. Ahora mismo estoy aquí. ¿Acostumbrarme a la soledad? No. Me siento agobiado por lo de mis padres.

Yo retomaré mis amistades pero novia no quiero. Quita, quita.

He abierto los ojos. Me he dado cuenta de que mi prima, que vive debajo de mi casa, que se quedó con el piso cuando murió mi tía, le dio su parte a mi primo Juli. Ella me dijo que no me preocupara, que ella se ocupaba de lo que hiciera falta. Y a los cinco meses me dijo que ya no subía a poner la comida. Sin dar explicación ni nada.

Le dije que lo que podía hacer ella, lo podía hacer yo. Y ella dijo que yo la había echado de mi casa. Hace un año que no nos hablamos. Nos cruzamos pero no nos hablamos. Coincidimos a veces en el ascensor o abajo. Me hablo con mi primo y me ha pedido que me hable con ella. Lo mismo que ahora no sube a ver a mis padres, cuando no los tenga tampoco va a subir.

Cuando falten mis padres, ya está arreglado todo. Me va a ayudar mi primo Iván, el hijo de mi prima. Va a vivir aquí conmigo en mi casa. Con su novia y su niño. Porque vive de alquiler y paga mucho dinero.

Si se viene mi primo aquí, ya hablaré con él. Ellos se quedarían todos en una habitación. Yo me llevo fenomenal con él. El niño tiene cinco años.

Lo hago porque me viene bien a mí. La idea fue mía. Está pagado el piso. El abogado me dijo que, como persona con discapacidad, debía tener a otra persona conmigo en mi casa. Me dijeron que tenía que poner a otra persona conmigo el día que fallecieran mis padres. Que, si no, se quedaba el piso la Comunidad de Madrid. Así que fui a una notaría para que vivan conmigo mis primos.

Yo solo no me quiero quedar. No me gusta la soledad, no. No por miedo. Pero si puedo tener aquí a alguien, por lo menos hablo con otra persona. Y vienen a quedarse mis primos conmigo el día que no estén mis padres. Como me llevo bien con él, con mi primo... La familia es importante para mí. Dentro de veinte o treinta años, ¿alguien que me cuide, como yo a mis padres? Pues estará mi primo, que es más joven que yo. O su novia o el hijo.

Pero que puede haber conflicto, lo puede haber. Es normal, es el hijo de la prima con la que no me hablo. Yo quiero que me cuide mi familia cuando sea mayor.

Ana Bella

Saqué la mejor nota para entrar en la carrera de traducción en Granada. Un fin de semana antes de empezar la universidad mi padre conoció a un artista en una galería de arte, que me invitó a pintar unos cuadros con él. Me llevó a la trastienda y ahí me cogió y me robó un beso. Después me dio los cuadros. Yo no me acordaba de su nombre ni nada, pero le escribí una nota de agradecimiento. Me respondió con veinte páginas y se presentó en mi ciudad, Sevilla. Yo tenía mi novio, y les advertí a él y a mi madre que había un hombre mayor que decía que se quería casar conmigo. Mi novio estaba en Extremadura y no quiso venir a Granada conmigo, mientras que mi madre me dijo: los hombres mayores saben mejor lo que quieren, más que los más jóvenes.

El pintor me siguió hasta la residencia y se hospedó cerca, en la Gran Vía, en un hostal enfrente. Yo salía y él estaba allí siempre. Escribí en mi diario: este hombre tiene su carrera, su profesión; si me quisiera de verdad, me esperaría a que yo terminara mi carrera. Pero no le dije nada a nadie. La primera vez que hicimos el amor, ¿te puedes creer que no me acuerdo? ¿Tú cómo te vas a olvidar de la primera vez que haces el amor con una persona? Es muy difícil. Habíamos quedado en su hotel y me abrió la puerta desnudo.

No sabía exactamente cuántos años tenía y conocí su edad cuando sacamos los papeles para casarnos. No los aparentaba. Me llevaba veinticuatro años. Me lleva, porque todavía no se ha muerto. Llamé a mi padre y le dije:

—¿Te acuerdas de aquel pintor que conocimos en Marbella? Pues que me voy a casar con él.

Dejé los estudios. Ni mi padre ni mi madre ni mi tía querían que lo hiciera. Yo no estaba enamorada, pero él me absorbió. Me casé con dieciocho años. Nos quedamos viviendo en Granada, en un pueblo. No había móviles. Yo recibía muchas cartas y él decía que una pareja no tenía secretos y las leía conmigo, y yo las contestaba con él. Dejaron de escribirme. Él me decía:

—Los padres pegan a sus hijos para educarles.

Un día que él estaba durmiendo la siesta (no teníamos tele, no teníamos radio, nada, un aburrimiento total y yo, jovencísima, no me podía dormir) me fui a comprar a la tienda de la esquina. Cuando volví me arrinconó contra la pared y fue la primera vez que me pegó. Yo no entendía nada. Cogí la ropa, la eché en la maleta y me iba a Sevilla con mi padre, pero él me sentó, me tranquilizó. Me dijo:

—Imagínate que yo me levanté, no te vi, ¿y si te hubiera cogido un coche, te hubieran robado, te hubiera dado un ataque cardíaco? Yo soy responsable de ti ante tu familia, ante la policía, cómo les digo yo dónde estabas tú.

Fueron cuatro horas machacándome y yo acabé pensando lo mala que había sido por no decirle a dónde iba. Llevábamos un mes juntos. Fue todo súper rápido. En los restaurantes, si los hombres me miraban cuando regresaba del baño, decía que era porque yo los había mirado primero cuando iba. Para evitar problemas, yo me ponía frente a la pared. Una vez, en la calle, escuché un sonido muy fuerte y me giré, como cualquiera, a ver qué era. Miré y, a la vuelta, bum, puñetazo en la cara, porque yo le había faltado el respeto al mirar a otro hombre.

Yo era delgada, pesaba cuarenta kilos. No me quedaba embarazada y él decía que era culpa mía. No me dejaba tomar ni aspirina y no quería que comiera dulce, pero me ponía el mantecado en la mesilla de noche para que yo venciera la tentación. Hacía ese tipo de cosas desde que se despertaba, desde los buenos días. ¿Cómo podía correrse cuando la otra persona estaba llorando de dolor? Le pedía que parara y decía:

—Aguanta, aguanta, que ya voy a acabar.

No tenía empatía conmigo. He borrado muchos recuerdos, pero me vienen las imágenes cuando otra mujer empieza a contar su historia y pienso: eso lo he vivido yo. Por ejemplo, estando embarazada, dormida, empezaba a tocarme y no respetaba mi sueño. Lo revivo cuando una mujer me pregunta:

—Si yo dormía y él me bajó las bragas, ¿es violación?

Yo respondo:

—¿Tú querías hacerlo?

—No.

—Entonces sí.

Una vez, en un acantilado de Alicante me dijo, sin venir a cuento de nada: «podría tirarte aquí». Otra vez me dejó encerrada una semana en un piso por tender la ropa interior en el balcón. Decía que provocaba a los hombres que pasaban por la calle. Me dijo que era para que pensara. Sin televisión, sin teléfono, sin cerilla para encender la cocina. En mi boda, me indicaba con la mirada a quién podía besar y a quién no. Yo estaba muerta de miedo. Después me hizo romper la agenda con todos mis contactos. Si me llamaban, decía que no me molestaran. De todos esos once años, lo peor que yo he sentido ha sido la soledad.

Él era muy celoso y cuando se le metía en la cabeza que a mí me gustaba alguien, me sometía a unos interrogatorios de tercer grado. Yo ahora mismo entiendo a la gente que confiesa crímenes que no ha cometido, porque yo hacía lo mismo. Quería irme a dormir, tenía hambre, y él venga con el interrogatorio. Yo decía lo que él quería para que me pegara y me dejara en paz. El machaqueo era peor que la paliza. Yo me cubría la cabeza, porque tenía mucho miedo que me diera un mal golpe. Entre sus cosas había una foto de una muchacha en silla de ruedas y me la enseñaba:

—Como me lleves la contraria, acabas como esta.

Tuve cuatro hijos y a la hora de parir me advertía:

—Tienes que ser valiente y bajarte del potro si te toca un médico hombre, porque mi chochito no lo puede ver otro.

Yo, con los dolores, rezaba que me tocara una mujer.

Yo era inteligente, ganábamos más de un millón de euros al año, teníamos dos casas. Pero estuve tres años lavando a mano. Era una locura tal que todo lo que hacía estaba mal. Todo eran palizas. Después, al día siguiente, era como si no hubiera pasado nada, y eso me volvía más loca. Unos días era maravilloso y otros era un ogro.

Me intenté suicidar porque yo creía que era muy mala madre y que lo mejor que podía hacer era morirme. Estaba embarazada de mi segundo hijo. Vivíamos en una planta doce y pensé en tirarme por el balcón, pero me daba mucho miedo. Puse el agua a salir en el lavabo, cogí una cuchilla para afeitar e intenté cortarme las venas. Pero duele, no es tan fácil, y me cortaba el pellejito. En ese momento empezó mi hijo a darme patadas y pensé que esperaría a que naciera. Cuando él me vio las marcas en la muñeca, me dijo:

—Anda, qué tonta eres. Si te pego es porque te quiero. Si yo no te quisiera...

Delante de la gente éramos la familia ideal. Me relacionaba con supermillonarios de todo el mundo, pero él me podía pegar en la trastienda de la galería y yo secarme las lágrimas y vender cuadros de setenta mil euros. Yo no podía pensar en dejarle, porque él siempre me estaba dejando a mí, de lo mala que yo era. Me sentía culpable. En aquella época no me daba cuenta de que estaba siendo maltratada.

Yo tenía prohibido que nadie me tocara, no podía abrazar ni siquiera a mi padre. Un día, una empleada me rozó y yo se lo conté. Qué más da, no es lesbiana, le dije. Pues me tiró de los pelos, escaleras abajo, embarazada de mi tercera hija. En el salón había un primo suyo que no dijo nada. Los de mi alrededor no decían nada. Nosotros teníamos un campo de unos dos millones de metros cuadrados en Marbella y un día me dijo que me iba a llevar ahí y que saldría vivo solo uno de los dos, el que ganara una pelea. Yo me asusté mucho y llamé a su madre. Ella vino para quedarse a mi lado del miedo que tenía a que me matara, porque ya había visto cómo pegaba a su novia anterior. Pero mi suegra me decía que me portara bien para evitar que me pegara. Qué más bien podía portarme.

Él me daba un puñetazo en la cara y estrellaba mi cabeza contra el vidrio del coche cuando me enseñaba a conducir. Me pegaba porque mi hermana me regaló una cartera usada, cuando le decía que tocaba pagar impuestos, cuando saludaba a un conocido, cuando mis hijos lloraban o se orinaban en el pañal, cuando le contestaba, cuando en la carnicería cortaban las costillas como a él le gustaba y también cuando no las cortaban así. Siempre me dolía la cabeza porque casi siempre me pegaba ahí, para no dejarme señales. A veces también en el cuerpo.

Me pegaba hasta que se cansaba y después estaba semanas en la cama y decía que se deprimía porque me había portado mal y me había tenido que pegar. Yo le tenía que pedir perdón a él. Una vez mi hijo vino y me preguntó si estaba bien, y yo le dije: no te preocupes, estoy bien, papi me quiere. También le daba por estrangularme y yo escondía los cardenales con los jerséis de cuello vuelto.

Yo no podía ir a misa, me quitó hasta la religión. Quiso eliminar mi apellido del nombre de mis hijos pero en el Registro Civil no le dejaron. Él eligió el nombre de los cuatro. Declaró a mi madre *persona non grata*. Yo lo defendía siempre. Hubo un juicio por estafa y lo condenaron a seis años, pero le rebajaron la pena a tres y al final cumplió tres meses.

Iba al vis a vis a la cárcel. Tenía que llevar cuadernos llenos con mis pensamientos de todo el día. No solamente de lo que hacía, sino de lo que pensaba. La primera vez que me enfrenté a él fue en la cárcel. Quería que firmara un documento según el cual continuaría casada con él aunque me siguiera pegando, y no podía meter a un abogado por medio. Yo le dije que no quería que me pegara más, que si no éramos felices juntos, ¿no le parecía mejor que nos separáramos? Se puso como una fiera y me contestó que nunca me separaría de él, porque lo nuestro era amor o muerte. Y empezó a pegarme por todos los lados. Yo creía que me moría, te lo juro, que era el último día de mi vida. Estaba desnuda y de rodillas rezaba el padrenuestro.

—Reza, reza que te va a hacer falta —me dijo, y venga a pegarme como un loco—. ¡Firma!

—No quiero que me pegues más.

Estábamos en la cama, cogió un boli y cuando me lo iba a clavar en el cuello, subí la pierna. Me lo clavó y se rompió el boli. Pensaba: de aquí no tengo solución. Ya no podía hablar porque me estaba estrangulando, mientras me decía:

—Agárrame los brazos si quieres decir sí.

Pretendía que le dijera que sí quería seguir casada con él aunque me siguiera pegando.

Yo estaba derrotada, no tenía fuerza para agarrarle los brazos, lo que quería era morirme y estaba perdiendo la conciencia. Veía todo negro. Me hubiera muerto ahí si mi bebé, que tenía nueve meses, no hubiera empezado a llorar. Reaccioné, le apreté los brazos a él, que se calmó un poco. Empezó a violarme y me preguntó:

—¿Estás haciendo el amor conmigo porque me deseas o porque me tienes miedo?

¿Y qué contesta una ahí? Yo salí llena de cardenales, con los pelos descompuestos, pero el guardia no dijo nada. Fue un silencio cómplice. Después de eso volví a la cárcel una vez más, pero no pude entrar porque había perdido el DNI. Él se enfureció y yo no he tenido más miedo en mi vida.

En esos días vi un cartel en la autopista en el que ponía: rompamos el silencio. Memoricé el número y llamé por teléfono, escondida en un garaje para que ni mi suegra se enterara. No me fiaba de nadie. Tenía veintinueve años. Les pregunté si podía separarme aunque mi marido no quisiera y me ofrecieron una cita con la asesora jurídica para que me explicara el procedimiento. Pero les dije:

—No puedo ir.

—¿Por qué? ¿Eres impedida?

—No.

—¿Tienes la llave de tu casa?

—Sí.

—¿Tienes coche o hay autobús?

—Sí.

—¿Entonces por qué no puedes venir?

—No puedo salir sola de mi casa sin decirle a él a dónde voy.

Yo vivía en mi cárcel mental. Vivía confinada con mi maltratador, aunque él estuviera en prisión. No saqué la cita, pero un día fui sin avisar y me atendieron. Menos mal, pues si me llegan a decir que volviera otro día ahora mismo estaría muerta.

—Te quieres separar y tienes cuatro hijos, ¿estás siendo maltratada? —me preguntaron.

—No —les respondí.

—¿Tienes estudios?, ¿tienes trabajo?

—Tenemos un negocio mi marido y yo.

—¿Y estás dada de alta?, ¿tienes tu nómina?

—No.

Nosotros ganábamos mucho dinero, tenía un Rolls-Royce en la puerta y veintisiete coches de colección en el garaje, pero contaba las monedas para comprarle la leche a mi hija.

—¿Tú puedes manejar dinero? —siguió preguntándome la muchacha.

—No.

—¿Alguna vez te ha insultado?

—Sí.

—¿Alguna vez te ha hecho el amor sin que tú quisieras o que te doliera?

—Sí.

—¿Alguna vez te ha tirado un objeto?

—Sí.

—¿Alguna vez te ha pegado?

—Sí.

Empecé a llorar. Ella me abrazó. Fue la primera vez que alguien me abrazaba en mucho tiempo. Me explicaron que estaba siendo maltratada, que había casas de acogida, a las que yo podía ir. Estaba en *shock*, cagada de miedo. Me dijeron que corría peligro. Regresé a mi casa hasta que un jueves él me llamó y me dijo:

—Mañana salgo de prisión. Ven a por mí.

—Pero no quiero que me pegues más.

—Te estoy viendo muy gallita. A mí no me importa nada ir allí a matarte y vivir en prisión, porque aquí estoy muy bien.

Metí todo lo que pude en el coche y me fui de madrugada a Sevilla con mis hijos. Iba temblando y con la canción de María Jiménez, tú que eres tan guapa y tan lista / tú que te mereces / un médico un dentista, empecé a llorar. En Sevilla lo denuncié y me fui a una casa de emergencia, en un convento de monjas, y después a una casa de acogida y luego a un piso tutelado. Estuve oculta nueve meses hasta que salieron las medidas provisionales. Un juez ordenó que los niños pasaran el verano con su padre. Cuando mis hijos regresaron hubo un cambio radical. Si me querían decir algo, lo hacían en el cuarto de baño para que no se enteraran los hermanos.

Él me llamaba muchas veces al día. Yo nunca le cogí el teléfono, jamás, pero era constante. Dejaba papelitos en el parabrisas, donde me insultaba, me decía puta, que me iba a matar. No me pagaba la pensión. Tuve que poner dieciséis denuncias, pero ningún juicio se celebraba. Cuando empezaron yo pedía esconderme en algún sitio y me dejaban el cuarto de limpieza del juzgado. En el juicio me miraba fijamente y yo me echaba a temblar. La primera juez me echó de la sala por llorar. Hubo un juez que le reprendió por referirse a mí como su mujer, y lo puso en su sitio, y eso a mí me empoderó. No ponían por entonces la mampara.

Él pedía verme cinco minutos a solas y yo nunca acepté, nunca más le hablé. Tiempo después leí las cartas que me escribió. Decía que él me perdonaba, que podíamos empezar de nuevo. Yo no podía dormir, pensando en tantas mujeres que estarían viviendo ese mismo terror silencioso, invisible y solitario. Escribí un artículo y me lo publicaron. Puse mi nombre y mis apellidos, porque quien debe tener vergüenza es el que maltrata. Entonces salí en la tele a cara descubierta, diciéndole a las otras mujeres que hay una alternativa antes de ser asesinada, que si yo pude salir adelante con cuatro hijos, ellas también podían. Como resultado me llamaron más de mil mujeres y dediqué un año entero a devolver todas las llamadas.

La primera mujer a la que ayudé se quedó en mi casa, porque estaba en riesgo grave y no quería denunciar ni ir a una casa de acogida. Puse a mis cuatro hijos en una habitación y a ella y al suyo en otra, y ese fue el comienzo de una fundación con mi nombre. Hoy somos una red de mujeres supervivientes que estamos en ochenta y ocho países demostrando a la sociedad que nosotras no somos el problema.

Muchos años después una amiga me contó con pelos y señales cómo mi exmarido la violó. Ella tenía dieciocho años y yo, diecinueve y embarazada de mi primera hija. Después nos fuimos a comer juntos, me dijo ella. Me entró frío por todo el cuerpo y empezaron a venirme imágenes, bum-bum-bum, flash-flash-flash, de niñeras que se iban de repente.

Mi maltrato no ha acabado. Él ha puesto a mis hijos en mi contra y sigo en juicio por la pensión que nunca pagó. Todavía no estoy divorciada. Se va a salir con la suya. Él me dijo: nunca te divorciarás de mí.

Suelo ir al registro a preguntar si ya murió. Pero sigue vivo, en paradero desconocido. Tengo pesadillas horribles con él. A veces me viene todo el pasado de golpe.

MANTA

Detenido por «violencia de género», D. J. entró en los calabozos de la Policía Nacional, en Algeciras. Pasaban diez minutos de las 18:00 de un sábado (30 de mayo de 2020). En su celda comenzó a arañar un azulejo de la pared hasta que logró arrancarlo. Con el filo de la cerámica trató de suicidarse. Se hizo «numerosos cortes» en el antebrazo izquierdo. Los custodios lo trasladaron al hospital a las 20:00. En Urgencias curaron sus heridas. El hombre advirtió al personal de que había intentado suicidarse y que volvería a hacerlo. Tres horas después el médico que lo atendió le dio el alta y le prescribió un calmante.

Los agentes lo trasladaron de vuelta a las dependencias policiales. Como medida de seguridad, no lo metieron en la misma celda, la de los azulejos rotos. A medianoche le llevaron la cena, de la que habían retirado la cucharilla, y le dieron el fármaco recetado «para que se lo tomara». Lo custodiaron al baño. En algo más de una hora, D. J. rompió su manta, la hizo «jirones», improvisó una cuerda «resistente», le hizo un nudo, la amarró a los barrotes de la prisión, metió el cuello y presionó hacia abajo lo suficiente para asfixiarse. «Pocas horas después» de aquel primer intento de quitarse la vida, logró su cometido. A la 1:40 de la madrugada, uno de los agentes, al hacer una ronda, lo encontró ahorcado. Llamó a otros tres compañeros e intentaron reanimarlo. No tuvieron éxito.

A las 3:00 del primer día de junio certificaron su muerte, se avisó a los familiares y se practicó la autopsia. Causa: asfixia mecánica por ahorcamiento. La hermana de D. J. denunció a los agentes de la Policía Nacional, con el asesoramiento de la asociación Juristas Gitanos. Quería que se identificara a los responsables de la vigilancia de su marido y a los demás detenidos, que le entregasen una copia de las grabaciones de las cámaras y del registro de los «telefonemas» e inspeccionar la manta utilizada por el hombre. Quería los detalles de lo sucedido.

Un juzgado de instrucción (número cuatro de Algeciras) denegó su solicitud pero una semana después anuló su propia decisión para citar a la denunciante, que se presentó como acusación particular, y añadir el atestado policial a la causa. «¿Se había suicidado realmente?», preguntaban los familiares. La investigación contó con los informes forenses y el registro de las cámaras de seguridad, cuyas imágenes demostraron que «no existió una actuación de los agentes de policía dirigida a provocar la muerte del detenido».

La Fiscalía pedía el archivo y el sobreseimiento, basado en que el resultado de la autopsia arrojaba que no se había cometido ningún delito que acabara con la muerte del reo. Tampoco veía «falta de diligencia en el desgraciado incidente autolítico». «No tenía nada que pudiera usar para volver a hacerse daño, solo una manta para cubrirse, que fue lo que usó para quitarse la vida. Los agentes no pudieron predecir ni evitar el fatal final», sostuvo el Ministerio Fiscal.

Ante la evidencia de suicidio, la acusación dudó de la conclusión fiscal: no hubo una tutela judicial efectiva, y exigieron continuar la investigación. Querían interrogar a los peritos, los policías, los detenidos y al médico del hospital. Más de un año después, la Audiencia Provincial de Cádiz desestimó sus recursos. La acusación insistió en que D. J. se encontraba en una «situación de especial vulnerabilidad». No se trataba, aclaró una posterior sentencia del Tribunal Constitucional, de «tortura o tratos inhumanos o degradantes», pero sí pudo existir «algún tipo de negligencia» en la custodia, que contribuyera al «hecho tan grave como es el suicidio de un detenido en los calabozos de una comisaría». Sin embargo, la pregunta final no había sido respondida: «¿cómo pudo confeccionar la cuerda para ahorcarse?».

JIMMY

Comencé a torear a los dieciocho años cuando vinieron a mi trabajo dos pequeños con una foto de los espectáculos del bombero torero. Me las enseñaron y me dio envidia ver que otras personas de estatura baja llenaban la plaza. Yo nací artista, pero me escondía, porque no sabía nada de este mundo. Ya en ese momento era artista, porque hacía reír a la gente, pero sin toro. Me enseñaron con una cabra. Son bravas, te pegan, pero aprendí a poner un capote y las cabras nos seguían para pegarnos. De ahí pasé a becerros y después a torear en las plazas. Dejé mi trabajo porque me pagaban más como cómico torero. Yo era el único pequeño ecuatoriano que se enfrentaba a esos cebús y me trajeron a España con contrato y todo, hace veinticinco años. Con toro y sin toro hago comedia; o sea, la gente se ríe de mis parodias.

Para nosotros un novillo es como un elefante. Mido uno treinta y dos. Pero torear es algo que llevo dentro y no pueden quitármelo. Mis hijos lo han heredado. Mi hija, que es alta, cuando era pequeñita, cogió el capote, pero ahora ya no quiere saber nada, y mi hijo es un gran profesional. Yo no le enseñé. Él se vestía de torero y se pintaba la cara, con cinco añitos, y practicaba con los perritos que iban a por el pan que él amarraba en la muleta. Comenzó a trabajar de eso, salió mejor que yo. Él tiene una hija, de ocho años, que es alta también. Mi hijo tiene treinta y tres y mi hija diecinueve. En mi familia, con acondroplasia, solo estoy yo, que tengo cincuenta y ocho. Y de mí nació mi hijo. Si volviera a nacer, que dios me haga con la misma perfección. No me acomplejo de nada. Soy ser humano y nada más.

La tauromaquia la llevamos escrita en la frente mi hijo y yo. Y nos prohibieron trabajar. ¿Por qué no se metieron con los toreros? Nosotros y nuestro espectáculo somos la parte más débil. Hay hasta un torero que perdió un ojo, me olvidé el nombre, pero torea con un ojo. Entonces, ¿los que van a verlo se están burlando de él? Lo que están haciendo contra nosotros es un crimen. No tienen ningún derecho ni respetan la Constitución. Tenemos derecho al libre trabajo, a llevar el pan de cada día a nuestra familia. Es la fuente de ingresos para mi familia.

Con el espectáculo de cómico torero se podían celebrar unos ochenta festejos en verano, en cuatro o cinco meses. Uno al día, a veces dos. Actuábamos por la mañana, a las doce, y a las siete de la tarde teníamos que irnos a otro pueblo. Hay que estar en forma. Cualquier animal corre mejor que un atleta, la cosa es que tú tienes que esquivarlo, ¿sabes?, engañarlo. Hacemos parodias y, cuando la gente no va a la novillada, los cómicos salvamos los espectáculos.

Porque la gente, tú sabes, siente admiración por esas personas pequeñitas ahí en el ruedo. Toreamos con capote, muleta, al alimón, hacemos los cruces, salimos con un caballo de tela, nos subimos a una butaca, esperamos al novillo y lo saltamos. Somos toreros, somos artistas, pero hay quienes no han ido a un espectáculo y dicen que se mofan de nosotros. Cuando tú vas por la calle y ves a una persona muy alta, ¿te ríes o lo miras? A lo mejor después te viene la risa: joder, qué tío tan alto. Así mismo, en los espectáculos nos admiran. Una cosa es admirarse de la persona y otra, burlarse. Lo que yo digo es que al que no le guste el fútbol, no vaya; al que no le guste el baloncesto, no vaya; al que no le guste el tenis, no vaya; pero que respete el profesionalismo de cada persona. Sin embargo, han ido difundiendo mentiras, ¿sabes?, mentiras para hacernos daño.

Nosotros somos personas con una minusvalía, pero estamos en activo. Yo tengo reconocido un 46 % de discapacidad, pero las ayudas son de cuatrocientos euros y tardan un año. ¿Quién puede vivir así? Cuando prohibieron los espectáculos, busqué otros trabajos. A veces amenizo fiestas, como despedidas de soltera o de soltero, ¿no?, o cumpleaños, cuando los amigos quieren hacer una broma con un pequeño vestido de mujer o de policía, pero todo dentro de la cosa cómica.

Estamos luchando para dar los espectáculos de cómico torero, sin usar la palabra *enanitos* ni *bombero torero*, aunque todavía no tenemos un nombre. Mientras, hay asociaciones que asustan a las empresas y a las peñas taurinas que nos contratan. ¿Y quién nos paga todo ese daño? Que de un día para otro te digan que no trabajas. Nos lo quitan todo. Me indigna. Nosotros tenemos el mismo derecho que cualquier persona grande y merecemos que se nos respete y nos apoyen.

Yo respeto a las asociaciones que ayudan a la gente con acondroplasia que está incapacitada. Está muy bien. Pero también estamos los que nos podemos desenvolver en cualquier clase de trabajo. Nacimos artistas y no somos mendigos, como se dice. Nací artista, nací actor. He trabajado con Maribel Verdú en Blancanieves. ¿Por qué sí dejan trabajar en las televisiones a pequeños con acondroplasia y no en el ruedo? No entiendo por qué.

Hay asociaciones que tienen personas con acondroplasia que dicen que se mofan. Cuando alguien en silla de ruedas practica un deporte como baloncesto y mete una canasta, la gente aplaude y se ríe. ¿Es una mofa? Al contrario, se ríe de la admiración. Y si se burlaran, se debería hacer como en el fútbol. La persona de color a la que insultan no deja de jugar, al contrario, sigue adelante.

Cuando voy con mi esposa y mi hija por la calle, hay padres que hacen que sus hijos esquiven la mirada de nosotros, pero yo me acerco y les digo a los niños: si no te tomas la sopa, te vas a quedar así, como yo. Nos divertimos. Los que nos difaman, diciendo que nuestro trabajo humilla a las personas con acondroplasia, hacen que la gente tenga miedo. Yo estoy acostumbrado a llamar la atención.

He conocido gente buena, mala, mediana, de todo, gracias al espectáculo, y no voy a decir que todos tienen que estar con uno. Pero sí que hay que valerse por uno mismo. Nacimos así, así moriremos, no hay nada que cambiar en este mundo.

Anónimo

Su abuelo era español, de Ávila, pero vivía allá, en Venezuela. No quiso irse. Estaban sus hijos, su marido, sus amistades. Tenía su vida, su trabajo. Un día desapareció. Nadie supo qué había pasado. Solo alguien, que esperaba a que llegara a un sitio, vio que pasaba algo raro cuando no llegó. Y nos avisó. Nos dijo: no llegó. Nada más, no había ninguna información.

Esperamos varios días, a ver si alguien se ponía en contacto con nosotros, la familia. Como no teníamos noticias, pusimos la denuncia por desaparición. Al sospechar que era una detención del Gobierno, como le sucedía a tantas otras personas, buscamos un abogado. Ahí nos dijeron que lo detuvo el Servicio Bolivariano de Inteligencia Nacional, el SEBIN. Es todo lo que se pudo averiguar, pero todavía no tenemos ninguna certeza de ello. No hubo nada oficial, no hubo ningún reporte. En casi dos meses no supimos nada de su paradero. Hasta que se produjo un traslado, de una cárcel a otra, en Caracas. Entonces pudo escribir una carta. Pedía ropa y medicinas. Enviamos lo que necesitaba pero ya no estaba en ese lugar. No las recibió. Dijeron que ya no estaba allí. Habían hecho otro traslado ese mismo día que él envió la carta. Pero aún hoy desconocemos dónde estuvo las primeras semanas.

Son días de mucha angustia. Sabemos qué pasa en esos sitios y ese horror está todo el tiempo en la cabeza. Es terrible. Y seguimos sin conocer la razón de su captura. Dicen que terrorismo. No sabemos en qué se basan. Creemos que es una confusión, que se equivocaron de persona, pero por qué tardan tanto en corregir el error. Nunca ha sido chavista, y jamás se ha dedicado a la política.

Lo que hace el Gobierno es criminal. Tardó seis meses en hacer legal la detención y decir dónde estaba. Solo hay un papel que lo acredite oficialmente. Recién entonces nos permitieron entregarle víveres, comida, productos de aseo, dos veces por semana. Le seguimos mandando cartas y fotos, pero no sabemos si le llegan. No nos podemos llevar lo que nos escribe ni hacerle fotos. Solo lo puede leer una persona, en el sitio, y lo tiene que memorizar. Alguien nos hace el favor porque toda su familia huyó de Venezuela, por miedo, en cuanto desapareció. Hay temor por tu familiar encarcelado, y existe la amenaza de que nos pueda pasar lo mismo a nosotros si volvemos.

Sí es su letra, la reconocimos en la primera carta y sigue siendo la misma. Sabemos que ahí no puede decir mucho. En sus cartas solo dice que nos quiere, que cuidemos de los suyos, y pregunta cómo estamos. No hay gran cosa. Le escribimos para que sepa que estamos pendientes, haciendo lo que se puede, que no es mucho, porque allí, en realidad, no tiene derecho a un abogado. El Gobierno le asigna uno, el que ellos quieren, que hace lo que ellos quieren, hasta que ellos quieren. Y a los familiares no nos notifican nada.

Desde que está en cautividad no ha podido ver a nadie ni puede hacer una llamada. Nunca ha podido. Está en aislamiento. No ha tenido la mínima visita, simplemente se sabe que está ahí, donde hay presos políticos que llevan así cuatro años. Todos han tenido un juicio sumarísimo y no hay acceso al expediente. A veces ni siquiera van al tribunal y el juicio se hace vía telemática. El aislamiento no es solo físico, también institucional y jurídico. Ni el juez ni la defensoría pública son independientes. Están señalados de terroristas, una calificación política.

De todos modos, esa prisión no es, como antes, el peor sitio en el que puede estar. Hay otras cárceles donde las condiciones de salubridad son peores, el riesgo es mayor porque mezclan a los presos políticos con los delincuentes comunes, los guardias usan pasamontañas para esconder sus caras, no se identifican e incluso a las visitas les tapan la cabeza para que no vean nada, no sabemos qué hay. Uno desconoce realmente qué ocurre dentro, porque son muy pocas las personas que han salido de allí.

Donde está, los martes y jueves, el custodio saca la lista de las cosas que necesita y recibe las que pidió antes. Quiere pastillas para dormir, pero no sabemos si son para otra persona. Imagínate lo que está viviendo allí, lo que oye. Sabemos que comparte la celda con alguien más. Sabemos también que desde hace unos días puede salir al patio, porque lo prescribió el médico de la prisión la semana pasada. Hasta ahora no podía salir de su celda ni para recibir un poco de sol.

La tortura es psicológica, no solamente física. Hacemos lo que dice el custodio. Si dice que necesita esas pastillas o cualquier otra cosa, nosotros las llevamos. Una vez pedimos la receta, que nos la diera ese médico, porque las medicinas no se pueden comprar sin receta, y nos respondieron que no. Hay que buscarse la vida para comprarlas.

Siempre pide lo mismo. Artículos de higiene, agua, porque parece que ahí el agua escasea un montón, pastillas potabilizadoras y comida. Mandamos platos ya cocinados, cuando lo permiten. Raciones para cuatro, para que algo le llegue. Por supuesto sabemos que muchas cosas se quedan en el camino. Todo esto lo cuento pero, por favor, que no se sepa quién es. No se puede decir nada de las extorsiones que hay dentro. Es muy peligroso. Hablar puede afectarle más de lo que está. Ni siquiera el consulado español puede hacer nada. Nos dicen que no han podido entrar tampoco.

No nos hemos atrevido a hacer nada más que lo que ellos permiten. No hay esperanza de que salga o mejore sus condiciones de vida, ni de que vaya a un sitio mejor. Solo queda esperar que vean que no representa un riesgo para ellos y que el Gobierno español negocie para liberar a los presos. No sabemos si se ha dado el paso.

Hemos hablado con toda la gente que hemos podido. Pero no hemos tenido ninguna respuesta.

Lo que yo no quiero en ningún momento es hacer algo que pueda perjudicar su situación. Pero no estoy diciendo nada, nada, que no sea verdad.

(El instante de la Dana)

Juane

Llegó el agua. Era por la tarde, alrededor de las cinco. Empezó a llover y se desbordó el barranco de buenas a primeras. El agua venía por la calle y entraba por la ventana. Arrastró coches, que formaron un tapón. Las casas detrás del barranco se las llevó. Ya no hay nadie allí, los echaron a la calle. Que se vayan donde puedan... A nosotros no. Vivimos aquí, en Chiva, desde hace cuarenta años. Yo hago los ochenta pronto. A mi casa le entró el agua. Muebles, nevera, televisor... todo nadando. Había una cocina, una despensa. Entró metro y medio. Ahora hay que comprar todo otra vez y rehacer el cuarto de baño. Levantó la pila, se llevó el mueble. Hacíamos vida en la planta baja y todo se fue a pique. Es una casa antigua, que reformamos nosotros. Construimos dos dormitorios en la planta de arriba, porque mi hija se iba a casar, para que viviera allí. Después no quiso y nos ha venido bien. El agua entró hasta las dos de la mañana. Luego salió y quedó el barro. ¿Que nosotros salgamos de aquí? ¿Adónde nos vamos a ir? La casa no está para caerse. La de enfrente sí se ha caído y han tirado otra. A algunas se les ha llevado la trasera. La nuestra se salvó porque da con el muro de la iglesia.

IVÁN

Me avisó mi tía de que se organizaba una batida para buscar a mi madre. Me lo dijo hace dos días, sería por aquí, por el barranco del Poyo. Tengo un tatuaje de un tigre y una rosa, con su fecha de nacimiento, porque tenía un carácter fiero pero también dulce. Llevo otro de mi abuela, lamentablemente también fallecida en la Dana. Era mi segunda madre. Ahora la situación no me deja otra. Tengo que intentar estar alegre, para no hundirme. Estoy con mis amigos de toda la vida. Tengo dieciocho. Se han ofrecido a ayudar sin dudarlo. He recibido apoyo hasta de personas que no me imaginaba. También hay gente que iba a venir y no vino. No se puede hacer mucho. Si los coches están así de enterrados, no se puede hacer nada.

A.

Vivo al lado del barranco, aquí en Catarroja. Empezó a subir el agua y los vecinos comenzamos a hacer barricadas, pero era inútil. Yo estaba en casa, en un primero pero bajé a ayudar. Con el agua al pecho, un vecino estaba tratando de salir pero no podía abrir la ventana. Ellos tiraban desde adentro y yo empujaba desde fuera. Los vecinos de abajo subieron a las casas de arriba.

Con el agua ya muy alta, la puerta del portal estaba cerrada pero entraba por los lados. Se abrió y se cerró otra vez a golpes. Cuando subí, los escalones estaban cubiertos. Teníamos miedo de que creciera más. Por suerte no pasó. En la fachada llegó a dos metros diez. Empezó a las siete y a las dos de la madrugada terminó. Los días siguientes había gente que robaba por necesidad. Otros se llevaron cosas no sé para qué. Yo vivo con mis padres y mi hermana de cuatro años. Nosotros comíamos lo que había en la despensa, y tenemos cocina de gas. La luz iba y venía. Nos ayudamos entre todos los vecinos. Llegaban a casa los que tenían cocina eléctrica. No quedaba agua de beber y había que buscar botellas en el ayuntamiento y la que daban los bomberos de sus camiones. Los primeros días no podía salir por el barro. No tenía botas. Ayudo desde el octavo día. Primero sacando barro, con una pala de mi tamaño. Tengo trece años. Ahora llevo alimentos de las furgonetas que los traen a los puestos de acopio, donde los busca la gente. Voy a casa de personas mayores y les pregunto qué es lo que más necesitan, y se lo llevo. Hago varios kilómetros al día.

GABRIEL

Por detrás bajaba el barranco y por delante, los coches. En tres horas pasó todo. Fue a más y no tuvimos tiempo a reaccionar. Mis hijos estaban en casa de mi suegra y no los pude recoger. Mi mujer y yo nos metimos en casa. Se fue la luz. Teníamos velas y linternas. Al día siguiente me lo llevé todo de la finca en bolsas de basura. La gente ha perdido mucho. Son semanas sin estar en casa.

LETICIA

Llegaba el agua hasta la cerradura del patio, caía por las paredes. Algunos vecinos fueron a sacar los coches. El agua subía entonces a medio metro de altura en la calle. El mío estaba en un sótano y era imposible. El agua venía con mucha corriente y traía lodo. Me puse a llorar por la impotencia de no poder hacer nada. Ya sabía que el coche, del que debo doce mil euros, estaba perdido. Al menos siempre supimos que las viviendas no corrían peligro.

SAMIR

Vi los colores del agua. Eran diferentes. Venía con tierra. Yo sabía
que eso significa que traería problemas. Soy berebere y nos persi-
gue el gobierno argelino. Llegué a España hace cuatro meses, en
patera. Estuve en Formentera, pasé por Ibiza y vine a Valencia a
buscar trabajo en el campo. Salí de mi casa a las cuatro de la tarde. Ya le entraba agua. Fui al supermercado, que es un lugar más
seguro. Había mucha gente en la calle. A las ocho de la tarde ya
estábamos asustados. Ahí éramos como cuarenta personas. Volví
a casa, que estaba inundada y tenía mucho barro. No pude entrar.
Caminé al hotel, donde mandaban a los damnificados. Había muchas familias. A la mañana siguiente todo estaba roto en la calle.
Había que ir a ayudar y eso hice.

RAFAEL

La cuestión la llevamos como podemos. De mi casa se derrumbó
la mitad y cayeron todo escombros. Había tanto ruido del agua que
no se oyó el estruendo. El agua golpeaba las puertas. Los coches
que arrastraba se quedaron en la esquina y cuando reventó bajó un
montón, que se le metió por un lado. A mi casa, que queda al lado
de una que se derrumbó por completo, le entró un metro de agua
y se le hicieron agujeros en la fachada. Yo estaba dormido arriba
cuando pasó todo. Esto se convirtió en una balsa. Vivo aquí solo,
con setenta y dos años. El problema es que no tengo seguro. Vino
un arquitecto y dijo que mi casa no estaba mal del todo. No es muy
alentador. Los enseres han desaparecido. Todo se fue a tomar por
saco. Ahora solo me queda una mesa y una silla, para poder comer.

Raquel

Mi madre no era una mujer de pueblo. Ella creció en la ciudad de Granada. A los pueblos a donde él la fue llevando lo hizo precisamente para aislarla y cuando se iban poblando se trasladaban a otro lugar para hacer lo que él quisiera. El problema de los pueblos es el aislamiento, y es lo que usan los maltratadores para abusar de la mujer. El mundo rural es muy duro y fue un arma que usó para aislarla. Ana Orantes, mi madre, nació en el centro de Granada, como él. Hasta que nacimos los once hijos, de los que le quedaron ocho, porque tres murieron de pequeñitos, y hasta que yo cumplí los cuatro años, vivimos en El Albaicín. Pero él lo que quería era someterla. Nos cambiamos a un pueblo, donde empezó a construir y no había vecinos, El Fargue, y de ahí a Cúllar Vega, donde la asesinó.

Tengo muchos recuerdos bonitos de mi madre. Cuando vivíamos en El Fargue y yo tendría ocho años, mi madre nos decía a mi hermano pequeño y a mí, que nos llevamos dos años: venga, hoy no van a ir al cole. Nos cogíamos un autobús a Granada, que igual tardaba tres cuartos de hora en llegar, y nos íbamos a la churrería de mi tía en la Plaza de Bib-Rambla. El hecho de que mi madre viera a su hermana, nos comiéramos un chocolate con churros y pasáramos momentos solos y juntos los tres, era muy importante. ¿Cosas bonitas? Cualquier rato donde él no estuviera. A mi madre le encantaba cantar cuando se ponía a hacer tareas en la casa, como pintar las paredes. Era una mujer muy alegre.

En aquella época, siempre le oí tararear una canción de Concha Piquer, que se llama *La Parrala*, y dice: «sí, que sí, que sí, que a la Parrala le gusta el vino; no, que no, que no, que solo bebe para olvidar». Le encantaba Manolo Escobar y Rocío Jurado. Cuando la veía en la tele, él cambiaba el canal o le decía que le gustaba la puta porque ella era una puta también. A todas las mujeres con autoridad él las veía como putas; las que se hacían valer eran putas y, sobre todo, si iban teñidas de rubio o eran rubias.

Cuando él no estaba, lo que hacía ella era disfrutar de nosotros. Él era albañil, lo fue toda la vida; a lo mejor lo mandaban a Melilla y se quedaba fuera de casa un mes. Cuando eso pasaba, nosotros jugábamos en la calle, a las seis, las siete, las ocho... cuando era verano. Con él no lo hacíamos nunca. Solo en esos momentos, porque cuando él volvía, había que estar en casa. Si no estabas en casa, ya había palo.

Nosotros no vivimos en una burbuja. Nosotros vimos padecer a mi madre y, cuando él montaba lo que montaba, que volaban la comida y los platos, iba y bajaba el interruptor de la luz para dejarnos a oscuras. Esa era nuestra vida.

No me gusta ni decirle padre. Cuando no estaba, bajábamos a Granada, pero teníamos que ocultarlo. Mi madre nos decía: no le vayáis a decir que hemos ido. Siempre nos compraba algún juguete, nos encantaban los Playmobil, pero había que esconderlos para que él no supiera que habíamos bajado. Nos gustaba jugar en la tierra. Se nos perdían las cabelleras y las sustituíamos con plastilina. Bajo ningún concepto podía enterarse, porque la montaba. Con mi hermano pequeño tenía la cosa de sonsacarle y la liaba.

Yo no tengo recuerdos de la casa de Granada, pero mis hermanos dicen que era paliza sobre paliza. La casa de El Fargue la construyó mi madre con mis hermanos, y la última la hizo mi madre conmigo y con mi hermano pequeño. Yo iba al cole y, desde los once a los quince años, que se terminó de construir la casa, todos los fines de semana nos íbamos él, mi madre, mi hermano y yo a construir la casa. Con nuestras propias manos y desde los cimientos. Nos mudamos porque en El Fargue había ya mucha gente viviendo y a él no le venía bien.

Todos mis hermanos se iban de casa, con trece y catorce años, porque no aguantaban más las palizas, los horarios, el sufrimiento. Cuando estábamos en Cúllar Vega vivía mi madre conmigo y una sobrina suya, con la que me llevo ocho años. Yo empecé a tener mi novio. También tenía horarios típicos, que siempre respeté y no tuve problemas. Pero empecé a conocer otras realidades. Me di cuenta de que el miedo que pasaba en mi casa y la forma de querer de mi padre, que no me gusta decirle así, no era lo normal y vi otros modelos de familia. Yo, con diecinueve años, decidí que no podía aguantar más. Me fui con mi novio a la casa de enfrente. Quería tener mi propia vida y no creía que mi madre fuera nunca capaz de separarse. Pero eso le provocó a ella un clic, junto a que él había comprado un terreno con olivos y tenía la idea de construir un caseto con chimenea, vender la casa y meter a mi madre en esa habitación.

Yo creo que ella pensó en lo que sería vivir el resto de los años que le quedaban con él en ese lugar. Ahí reaccionó, decidió que no y se hizo fuerte. Cuando vi que era firme su decisión, volví con ella. Fue cuando él vivía abajo y mi madre, arriba. Lo que él hizo entonces fue buscar un juez de paz del pueblo, amigo suyo, una persona que lo escuchaba, al que él le contaba, entre comillas, sus penas, que no sufría ninguna; las penas eran nuestras por tenerlo en nuestras vidas.

Llevó a la casa al juez de paz y este dijo que eran dos plantas independientes que solo compartían el jardín: uno se quedaba abajo y la otra arriba, no iban a coincidir. Con tal de que mi madre no bajara al patio para nada, estaba todo arreglado. Eso sentó precedente a la hora de separarse. Por aquel entonces no había orden de alejamiento. Un mismo abogado los separó como si fuera de mutuo acuerdo.

Mi madre lo había denunciado muchas veces en esos cuarenta años, pero siempre había tenido que retirar las denuncias. Sí, denunciaba en el cuartel de la Guardia Civil y también mis hermanos, las veces que salían corriendo porque les pegaba. Ellos cuentan que iban y les decían que no podían tomarles la denuncia porque eran menores de edad. No se hacía nada. Y no hablo de un pueblo perdido. Hablo de Granada.

Realmente no había quien la amparara, porque las leyes condenaban al hombre al arresto domiciliario y la mujer no tenía adónde ir. Y si ella se iba era abandono de hogar. No había forma de que mi madre saliera. No tenía medios ni lugar al que irse, ni le hacían caso con las denuncias. Cuando ella se intentó separar la primera vez un juez no la dejó, porque, cuando fueron los dos, él se puso a llorar, pues siempre se ponía a llorar, y el juez dijo que no podía verlo así por una mujer, y a ella, que volviera con su marido, si no veía cuánto la quería, que la quería un montón.

Mi madre no tuvo el derecho a separarse. Diez años después de esa vez lo logró, aunque lo hizo como si hubieran sido dos personas a las que se les termina el amor, no quieren convivir más y dividen la casa. Pero el juez no tuvo en cuenta que así no podían vivir, porque él la amenazaba, la insultaba. Por las noches era insufrible estar en esa casa porque él se ponía a hacer ruidos siempre. Vivíamos aterrorizados. Unos días antes de asesinarla, mi madre lo había denunciado. Esa mañana que la mató había recibido una notificación y tenía que presentarse al juzgado por insultos.

Él tenía unos tacones que se había olvidado mi madre en esa casa, y el cabrón, que no puedo decirlo de otra manera, se los colocaba y se tiraba toda la noche para arriba y para abajo taconeando, o cogía un cepillo y daba golpes arriba. O lo oíamos subir por una de las escaleras laterales y se ponía en la ventana en la que estábamos sentados en el salón. Debíamos tener siempre todas las persianas bajadas y añadir cerrojos, con el teléfono de la Guardia Civil siempre a mano. Cuando mi hermano se iba a trabajar y yo iba a la librería que acababa de montar con mi pareja, ese tiempo que estaba encerrada en su casa, mi madre, que no podía salir, escuchaba los insultos de él en la ventana. Hija de puta y todas las barbaridades que le gritaba.

El tiempo que estuvo separada lo aprovechó porque disfrutó de sus hijos, cosa que no había podido hacer, y de sus hermanos y de su madre. Iba a verlos, y a sus nietos. Nos bañábamos en una piscina con sus sobrinos, cosa que a él tampoco le gustaba. Fuimos a Sierra Nevada, adonde mi madre, siendo de Granada y con sesenta años, no había podido subir nunca ni pisar la nieve. Fue en el invierno del 97, al poco de separarse, cuando conoció la nieve. Fuimos a bañarnos a la playa, pues ella tampoco se había metido en el mar. Fuimos a la Herradura. Ella no sabía nadar y él la ridiculizaba, le decía que iba a hacer el tonto.

Ese verano la llevamos sus hijos a la Herradura. Le gustaba el tapeo, el *pescaíto* frito. Mi hermano la llevó al Rocío, adonde ella quería ir y conocer a la virgen. También le gustaba el tema *trans*, del transformismo, y había un sitio, El Rincón del Artista, donde actuaba, como decían en aquella época, un travesti, con humor y copla, que imitaba a Rocío Jurado y a ella le encantaba.

No necesitaba hacer grandes cosas. Con estar con sus hijos era feliz. Si la hubiera dejado ser ella, si hubiera tenido a su lado a una persona y no lo que tuvo, hubiera sido muy feliz. Se adaptaba a todo, era muy empática, cariñosa, qué te puedo decir... No conoceré ser humano más bondadoso que mi madre. Todo lo que nos faltaba por él, mi madre lo suplía con creces.

Que mi madre apareciera en el programa de televisión y contara su testimonio tan bien narrado como lo hizo, que era una persona, como decía él, analfabeta, que lo hiciera tan de corazón, ayudó a muchísimas mujeres, porque así me lo han hecho saber. Mujeres que en aquellos momentos se dieron cuenta y algo les cambió, se sintieron identificadas con mi madre y decidieron romper con la violencia que sufrían. También hubo gente que después, sin venir de entornos de violencia, al escuchar su testimonio, dedicó su vida a luchar por los derechos de la mujer. Y luego las asociaciones y fundaciones de mujeres, con consentimiento unánime de los partidos políticos, crearon la ley integral del 2004.

Ella aportó más que un grano de arena. Con el pasar de los años su figura es más necesaria que nunca. Ha sido y es un referente de mujer valiente que decide romper con la violencia y denunciar públicamente. Su voz genera cambio y fuerza hoy por hoy. Con eso me quedo de estos veinticinco años.

Tener la madre que tengo es un orgullo, mientras que él era paliza sobre paliza. A ella lo que más le dolía era que no quisiera a sus hijos. Era capaz de aguantar todo el sufrimiento del mundo y a él lo perdonaba siempre. Tenía esa capacidad de perdón infinita, de empatía infinita, de ponerse en su lugar, aunque él no fuera capaz. A ella, él le daba pena. Era un pobre diablo al que no queríamos ninguno de sus hijos, porque él no se hacía querer. No era ni persona, pero ella tenía una capacidad de amor muy grande.

Mi madre se reía mucho, siempre, esa sonrisa que sale en la tele la tenía siempre, siempre que no estuviera con él. Le gustaba mucho ir a ver a la virgen, creía mucho en dios. En dios y en los sueños. Cuando soñaba sabía interpretarlo muy bien. Ella decía: si sueño con huevos y con gallinas es pelea. Si con serpientes, habladurías. A base de repetir, con cosas que le pasaban, ella lo asociaba. La pobre soñaba muy a menudo con cosas muy malas, porque siempre le venía mal.

Ahora tendría unos dieciséis nietos. Bisnietos, unos seis o siete y dos tataranietos. Desde allá, donde esté, nos sigue cuidando.

Mi madre tuvo que contar los cuarenta años de maltrato, pero me gustaría que nos quedáramos con esa Ana Orantes empática, generosa, mejor persona, con ese lado positivo. Lo divertida, cercana, familiar que era. Esa es la imagen que me gustaría que quedara, más allá de los malos tratos.

Referencias

Los testimonios recogidos en este libro fueron publicados de forma parcial en los periódicos *El Correo, Diario Vasco, La Rioja, El Diario Montañés, El Comercio, Las Provincias, Norte de Castilla, Ideal, Hoy, Sur* y *La Verdad*, excepto los que figuran como inéditos.

Asell. Inédito. Entrevista de diciembre de 2024.

Nina. «La historia de Jack, el perro que salvó a su dueña cuando la estrangulaba su ex». 2 de junio de 2024.

M. «Las nuevas sectas en España, del *coach* económico al gurú espiritual». 11 de mayo de 2024.

David. «Cuando el límite no es el final». 1 de mayo de 2024.

Tania. «La peripecia de las prostitutas españolas en el Mundial de Catar». 24 de diciembre de 2022.

Irene. «Los jóvenes son los nuevos "sintecho"». 19 de octubre de 2024.

Christina. «Mujeres esterilizadas a la fuerza». 1 de diciembre de 2020.

Sandy. «Una mujer de 73 años viaja a España para casarse con Luis Miguel». 16 de marzo de 2024.

Manada. «El horror de una noche de verano». Reconstrucción a través de los hechos probados en las sentencias judiciales de lo ocurrido en Pamplona, el 7 de julio de 2016. 29 de abril de 2018.

C. «El estigma de los niños que sobrevivieron al cáncer». 20 de mayo de 2023.

B. «Vivir con el violador dentro de casa» y «El silencio oculta los abusos sexuales dentro del hogar». 3 de septiembre de 2019 y 5 de agosto de 2023.

Alizia. «Alizia siempre estaba ahí». 26 de mayo de 2022.

Sonia. «El dinero no repara la pérdida y de mi niño me acuerdo todos los días». 15 de noviembre de 2020.

La familia M. «"Encarcelados" en Barajas». 13 de enero de 2024.

Miriam. «El relato de los dos "infiernos" del asesinato machista». 24 de noviembre de 2021.

Saïdia. «Vivir con un desaparecido». 12 de noviembre de 2018.

Ismael. «Una novia irreal, un parricidio, cárcel y redención». 11 de marzo de 2023.

Chemsex. «Fiestas *chemsex*, drogas y sexo al límite». 23 de mayo de 2022.

Anna, Carlos y Rosa. «El silencio oculta los abusos sexuales dentro del hogar». 5 de agosto de 2023.

Madre e hija. «Dos generaciones atormentadas por un mismo maltratador». 25 de noviembre de 2018.

Rafael. «En el psiquiátrico he pasado hasta tres días sujeto con correas a la cama». 21 de enero de 2024.

Wafa. «La vida de Wafa». 17 de enero de 2022.

Luz. Inédita. Entrevista de noviembre de 2024.

M. J. R. «La vida circular de madres que fueron niñas tuteladas y sus hijas». 28 de marzo de 2022.

Lydia. «La vida circular de madres que fueron niñas tuteladas y sus hijas». 28 de marzo de 2022.

Foam. Inédito. Reconstrucción a partir de las sentencias judiciales de 2021 y artículos de medios de comunicación del País Vasco en 2019.

Maricarmen. «Me iba a lanzar al vacío». 8 de junio de 2024.

Iris. «En la mente de los asesinos condenados con la pena máxima». 2 de octubre de 2022.

Ana. «Volver a empezar en medio de la tragedia». 27 de diciembre de 2020.

Vicky. «Empieza la lucha para quitar la palabra *disminuidos* de la Constitución». 19 de agosto de 2018.

Nani. «Historias de la calle». 22 de noviembre de 2023.

Óscar. «Historias de la calle». 22 de noviembre de 2023.

Petra. «Multa pionera a la Administración por acoso racista a una niña en el colegio». 25 de octubre de 2019.

Infame. «Lo último que vieron los niños de Pioz». Reconstrucción del asesinato de dos hermanos, de uno y cuatro años. 3 de noviembre de 2018.

Piedad. «Víctimas de los primeros novios». 17 de octubre de 2022.

Raquel. «Una mujer sola contra el yihadismo». 6 de marzo de 2021.

Houda. «Vivir a oscuras en el corazón de España». 3 de octubre de 2022.

Isabel. «Las camareras de piso exigen reducir la carga de trabajo». 2 de noviembre de 2024.

Celia. «Impostores que roban fortunas a las empresas». 30 de abril de 2023.

L. L. C. «La nueva esclavitud cubana se instala en España». 10 de febrero de 2024.

J. S. P. «La nueva esclavitud cubana se instala en España». 10 de febrero de 2024.

Samanta. «La ley de la calle somete a la mujer *trans*». 7 de mayo de 2022.

Ana Bella. Inédita. Entrevista de febrero de 2025.

Manta. Inédito. Reconstrucción con los hechos probados de una sentencia del Tribunal Constitucional, del 15 de enero de 2024.

José. «El silencioso destierro de las personas únicas». 26 de diciembre de 2022.

Jimmy. «Con toro o sin toro yo hago comedia y la gente se ríe de mis parodias». 2 de marzo de 2025.

Anónimo. «Los doce presos políticos españoles en las infames cárceles de Venezuela». 30 de marzo de 2025.

El instante de la Dana:

—Juane. «El tiempo se detuvo en el kilómetro cero de la Dana». 16 de noviembre de 2024.

—Iván. «Buscando a Elisabet por la ruta de los desaparecidos». 17 de noviembre de 2024.

—A. «El voluntario más joven de la zona cero de la Dana». 12 de noviembre de 2024.

—Gabriel. «El tiempo se detuvo en el kilómetro cero de la Dana». 16 de noviembre de 2024.

—Leticia. «Los damnificados verticales de un experimento llamado Sociópolis». 13 de noviembre de 2024.

—Samir. «El tiempo se detuvo en el kilómetro cero de la Dana». 16 de noviembre de 2024.

—Rafael. «El tiempo se detuvo en el kilómetro cero de la Dana». 16 de noviembre de 2024.

Raquel. «Ana Orantes, 25 años de un drama que despertó al país». 10 de diciembre de 2022.

AGRADECIMIENTOS

A Samuel, que escuchó estas historias antes de ser escritas.
A Benjamín Lana, que me refugió en el periodismo.
A Alfonso Rodríguez Aldeyturriaga, que apoyó estas investigaciones.
A Julián Lacalle, con quien confronté el libro.
A los entrevistados y a los que me facilitaron las rutas para encontrarlos.

A Gorka Salazar, Fernando Belzunce, Fundación Ana Bella, Itziar Prats, Chelo Álvarez, ALANNA, Nuria Martínez, Asociación Infantil Oncológica de Madrid (ASION), Margarita García-Marqués, Sonia Gómez, Pandora ASI, Confluencia Movimiento Feminista, Henar Sastre, Fundación ANAR, Victoriano Fernández, Asociación para la Defensa de los Derechos del Menor (Aprodeme), Nùria Querol, Observatorio de Violencia hacia los Animales, Carlos Bardavio, Susana Pastor, Fernando, Adictos al Sexo Anónimos (ASA), Laura Daniele, Olivia Pérez, Cáritas, Javier Nistal, Cruz Roja, Arturo Checa, Héctor Esteban, Melchor Sáiz-Pardo, Óscar Chaves, Federación Regional de Asociaciones Vecinales de Madrid (FRAVM), Elena López, Fundación Railes, Plena Inclusión, Natalia Aventín, Euforia Familias Trans-Aliadas, Asociación Defensor del Paciente, Jéssica, Comisión Española de Ayuda al Refugiado (CEAR), Elena Muñoz, Roser Herrera, Susana Peix, Teatro del Barrio, Paloma Fidalgo, Fundación Lesionado Medular, Asociación Mujeres Inmigrantes en Acción (AMIA), Fátima Ez Zoharry Ed Dryouch, Carmen Benito, Asociación Mujeres contra el Maltrato, Agrupación Amanda, Instituciones Penitenciarias, Derecho a Morir Dignamente, Noemí López Trujillo, Paula Chena, Mensajeros de la Paz, Sergio Mella, Jesús Sandín, Corina Mora, Afroféminas, Francisca Gago, Plataforma por las Camareras de Piso las Grandes Olvidadas, Roberto Ruiz Ballesteros, Javier Larrondo, Prisioners Defender, Organización de las Naciones Unidas, Imagina Más, María Pilar Guerrero, Hércules Abogados, Jesús Martínez Fabra, Topos Mexicanos, Raquel Orantes, Rocío Mendoza, Lourdes Pérez, Mar Domínguez y a todas las personas y organizaciones que de una u otra manera contribuyen a dar voz a los que cuentan sus historias.

Para Oriana, *in memoriam*.

ÍNDICE